U0540905

周作人笔下的

民俗之美

周作人 著

中国画报出版社·北京

目录 Contents

01 前言

传统节俗

麦饭纸钱，生离死别，皆断魂。

002 关于雷公

012 乡村与道教思想

016 结缘豆

022 记嫁鼠词

025 张天翁

028 关于祭神迎会

036 无生老母的信息

053 《新年风俗志》序

058 关于送灶

066 七夕

069 关于扫墓
073 两种祭规

鬼的传说
忘川河畔，鬼魂盈盈。

082 谈鬼论
095 水里的东西
100 说鬼
107 读《鬼神论》
115 鬼的生长
122 刘青园《常谈》
129 溺鬼
131 疟鬼
134 花煞

北京风俗
燕京古老的胡同，每一块青石板，都诉说着过去的故事。

142 关于《燕京岁时记》译本
147 北京的茶食

150　故乡的野菜
154　中秋的月亮
157　关于竹枝词
163　北京的风俗诗

风俗学

我带着对风俗学的热爱和敬意，姗姗而来。

176　我的杂学
232　《发须爪》序
236　《天桥志》序
241　看笔记

风俗

风俗如一面镜子，折射出灵魂和传统。

244　风俗调查
246　风俗调查二
249　风俗的记录
252　风俗的记载
254　闲话风俗
256　占验与风俗

儿童诗、童谣

时光如梦,歌谣悠扬。

260 儿童杂事诗(节选)

288 小孩的歌

291 儿歌之研究

300 读《各省童谣集》

前言

周作人，作为中国现代文学史上一位极具影响力且有争议的人物，对他的评价犹如一幅复杂的拼图，需要从多个维度去审视。

作为中国现代著名散文家、文学理论家、评论家、诗人、翻译家，中国民俗学开拓人，新文化运动的杰出代表。其民俗研究在中国现代民俗学领域具有举足轻重的地位，他的贡献和影响深远而广泛。

但在日本侵华期间曾依附日本占领者，出任伪职。他的出任伪职行为则是一个沉重的历史教训，警醒着我们。

因此，我们要全面、客观、公正的去看待周作人。

传统节俗

麦饭纸钱,生离死别,皆断魂。

关于雷公

◎ 邓伯温[1] 清代石刻造像 四川原道文化博物馆藏

---

1 邓伯温,《封神演义》中雷震子的原型,即雷神。《道法会元》载:"雷部有飙火大神,姓邓,名伯温。昔从黄帝战败蚩尤,封河南将军……蒙上帝封为律令大神,隶属神雷。"

在市上买到乡人孙德祖的著作十种，普通称之曰《寄龛全集》，其实都是光绪年间随刻随印，并没有什么总目和名称。三种是在湖州做教官时的文牍课艺，三种是诗文词，其他是笔记，即《寄龛甲志》至《丁志》各四卷，共十六卷，这是我所觉得最有兴趣的一部分。寄龛的文章颇多"枫樟史汉及六朝骈俪之作"，我也本不大了解，但薛福成给他作序，可惜他不能默究桐城诸老的义法，不然就将写得更好，也是很好玩的一件事。不过我比诗文更看重笔记，因为这里边可看的东西稍多，而且我所搜的同乡著作中笔记这一类实在也很少。清朝的我只有俞蛟的《梦盦杂著》，汪鼎的《雨韭庵笔记》，汪璟的《松烟小录》与《旅谭》，施山的《姜露庵笔记》等，这寄龛甲乙丙丁志要算分量顶多的了。但是，我读笔记之后总是不满意，这回也不能是例外。我最怕读逆妇变猪或雷击不孝子的记事，这并不因为我是赞许忤逆，我感觉这种文章恶劣无聊，意思更是卑陋，无足取耳。冥报之说大抵如他们所说以补王法之不及，政治腐败，福淫祸善，乃以生前死后弥缝之，此其一；而文人心地褊窄，见不惬意者即欲正两观之诛，或为法所不问，亦其力所不及，则以阴谴处之，聊以快意，此又其二。所求于读书人者，直谅多闻，乃能立说著书，启示后人，今若此岂能望其为我们的益友乎。我读前人笔记，见多记这种事，不大喜欢，就只能拿来当作文章的资料，多有不敬的地方，实亦是不得已也。

寄龛甲乙丙丁志中讲阴谴的地方颇多，与普通笔记无大区别，其最特别的是关于雷的纪事及说明。如《甲志》卷二有二则云：

庚午六月雷击岑墟鲁氏妇毙，何家溇何氏女也，性柔顺，舅姑极怜之，时方孕，与小姑坐厨下，小姑觉是屋热不可耐，趋他室取凉，才逾户限，霹雳下而妇殂矣。皆曰，宿业也。或疑其所孕有异。既而知其幼丧母，其叔母抚之至长，已而叔父母相继殁，遗子女各一，是尝赞其父收叔田产而虐其子女至死者也。皆曰，是宜殂。

顺天李小亭言，城子峪某甲事后母以孝闻，亦好行善事，中年家益裕，有子矣，忽为雷殛。皆以为雷误击。一邻叟慨然曰，雷岂有误哉，此事舍余无知之者，今不须复秘矣。据叟所述则某甲少时曾以计推后母所生的幼弟入井中，故雷殛之于三十年后，又申明其理由云："所以至今日而后殛之者，或其祖若父不应绝嗣，俟其有子欤，雷岂有误哉。于是众疑始释，同声称天道不爽。"又《乙志》卷二有类似的话，虽然不是雷打：

潜说友《咸淳临安志》云，钱塘潮八月十八日临安民俗大半出观。绍兴十年秋，……潮至汹涌异常，桥坏压溺死数百人，既而死者家来号泣收敛，道路指言其人尽平日不逞辈也。同治中甬江浮桥亦觏此变。桥以铁索连巨舶为之，维系巩固，往来者日千万人，视犹庄逵焉。其年四月望郡人赛五都神会，赴江东当过桥，行人及止桥上观者不啻千余，桥忽中断，巨舶或漂失或倾覆，死者强半。……徐柳泉师为余言，是为夷粤衅后一小劫，幸免刀兵而卒罹此厄，虽未遍识其人，然所知中称自好者固未有与焉。印之潜氏所记，可知天道不爽。

又《丙志》卷二记钱西箴述广州风灾火灾，其第二则有云：

学使署有韩文公祠，在仪门之外，大门之内，岁以六月演剧祠中。道光中剧场灾，死者数千人。得脱者仅三人，其一为优伶，方戴面具跳魁罡，从面具眼孔中窥见满场坐客皆有铁索连锁其足，知必有大变，因托疾而出。一为妓女，正坐对起火处，遥见板隙火花荧然，思避之而坐在最上层，纡回而下恐不及，近坐有捷径隔阑干不可越，适有卖瓜子者在阑外，急呼之，告以腹痛欲绝，倩负之归，谢不能，则卸一金腕阑畀之曰，以买余命，隔阑飞上其肩，促其疾奔而出，卖瓜子者亦因之得脱。

孙君又论之曰：

三人之得脱乃倡优居其二，以优人所见铁索连锁，知冥冥中必有主之者，岂数千人者皆有夙业故絷之使不得去欤。优既不在此数，遂使之窥见此异，而坐下火光亦独一不在此数之妓女见之，又适有不在此数之卖瓜子者引缘而同出于难，异哉。然之三人者必有可以不死之道在，有知之者云卖瓜子者事孀母孝，则余二人虽贱其必有大善亦可类推而知。

我不惮烦地抄录这些话，是很有理由的，因为这可以算是代表的阴谴说也。这里所说不但是冥冥中必有主之者，而且天道不爽，雷或是火风都是决无误的，所以死者一定是该死，即使当初大家看他是好人，死后也总必发见什么隐恶，证明是宜殛。翻过来说，不死者也必有可以不死之道在，必有大善无疑。这种歪曲的论法全无是非之心，说得迂远一点，这于人心世道实在很有妨害，我很不喜欢低级的报应说的缘故一部分即在于此。王应奎的《柳南随笔》卷三有一则云：

人怀不良之心者俗谚辄曰黑心当被雷击，而蚕豆花开时闻雷则不实，亦以花心黑也。此固天地间不可解之理，然以物例人，乃知谚语非妄，人可不知所惧哉。

尤其说得离奇，这在民俗学上固不失为最为珍奇的一条资料,若是读书人著书立说,将以信今传后,而所言如此,岂不可长太息乎。

阴谴说——我们姑且以雷殛恶人当作代表,何以在笔记书中那么猖獗,这是极重要也极有趣的问题,虽然不容易解决。中国义人当然是儒家,不知什么时候几乎全然沙门教(不是佛教)化了,方士思想的侵入原也早有,但是现今这种情形我想还是近五百年的事,即如《阴骘文》《感应篇》的发达正在明朝,笔记里也是明清最利害的讲报应,以前总还要好一点。查《太平御览》卷十三雷与霹雳下,自《列女后传》李叔卿事后有《异苑》等数条,说雷击恶人事,《太平广记》卷三九三以下三卷均说雷,其第一条亦是李叔卿事,题云《列女传》,故此类记事可知自晋已有,但似不如后代之多而详备。又《论衡》卷六《雷虚篇》云:

盛夏之时,雷电迅疾,击折树木,坏败屋室,时犯杀人。世俗以为击折树木坏败屋室者天取龙,其犯杀人也谓之阴过。饮食人以不洁净,天怒击而杀之,隆隆之声,天怒之音,若人之响吁矣。世无愚智莫谓不然,推人道以论之,虚妄之言也。

又云:

图画之工,图雷之状累累如连鼓之形,又图一人若力士之容，谓之雷公，使之左手引连鼓，右手推椎若击之状。其意以为雷声隆隆者，连鼓相扣击之音也，其魄然若敝裂者，椎所击之声也，其杀人也引连鼓相椎并击之矣。世又信之，莫谓不然，如复原之，虚妄之象也。

由此可见人有阴过被雷击死之说在后汉时已很通行，不过所谓阴过到底是些什么就不大清楚了，难道只是以不洁食人这一项么。这里我们可以注意的是王仲任老先生他自己便压根儿都不相信，他说："建武四年夏六月雷击杀会稽靳专日食（案此四字不可解，《太平御览》引作"鄞县"二字）羊五头皆死，夫羊何阴过而天杀之。"《御览》引桓谭《新论》有云："天下有鹳鸟，郡国皆食之，三辅俗独不敢取之，取或雷霹雳起。原夫天不独左彼而右此，其杀取时适与雷遇耳。"意见亦相似。王桓二君去今且千九百年矣，而有此等卓识，我们岂能爱今人而薄古人哉。王仲任又不相信雷公的那形状，他说：

钟鼓无所悬着，雷公之足无所蹈履，安得而为雷？……雷公头不悬于天，足不蹈于地，安能为雷公？飞者皆有翼，物无翼而飞谓之仙人，画仙人之形为之作翼，如雷公与仙人同，宜复着翼。使雷公不飞，图雷家言其飞，非也；使实飞，不为着翼，又非也。

这条唯理论者的驳议似乎被采纳了，后来画雷公的多给他加上了两扇大肉翅，明谢在杭在《五杂组》卷一中云："雷之形人常有见之者，大约似雌鸡，肉翅，其响乃两翅奋扑声也。"谢生在王后至少相隔一千五百年了，而确信雷公形如母鸡，令人想起《封神传》上所画的雷震子。《乡言解颐》五卷，瓮斋老人著，但知是宝坻县人姓李，有道光己酉序，卷一天部第九篇曰《雷》，文颇佳：

《易·说卦》，震为雷为长子。乡人雷公爷之称或原于此乎。然雷公之名其来久矣。《素问》，黄帝坐明堂召雷公而问之曰，子知医道乎？对曰，诵而颇能解，解而未能别，别而未能明，明而未能彰焉。又药中有雷丸雷矢也。梨园中演剧，雷公状如力士，左手引连鼓，右手推椎若击之状。《国史补》，雷州春夏多雷，雷公秋冬则伏地中，人取而食之，其状类彘。其曰雷闻百里，则本乎震惊百里也。曰雷击三世，见诸说部者甚多。《左传》曰，震电冯怒，又曰，畏之如雷霆。故发怒申饬人者曰雷，受之者遂曰被他雷了一顿。晋顾恺之凭重桓温，温死，人问哭状，曰，声如震雷破山，泪如倾河注海。故见小孩子号哭无泪者曰干打雷不下雨。曰打头雷，仲春之月雷乃发声也。曰收雷了，仲秋之月雷始收声也。宴会中有雷令，手中握钱，第一猜着者曰劈雷，自己落实者曰闷雷。至于乡人闻小考之信则曰，又要雷同了，不知作何解。

我所见中国书中讲雷的，要算这篇小文最是有风趣了。

这里我连带地想起的是日本的关于雷公的事情。民间有一句俗语云，地震打雷火灾老人家。意思是说顶可怕的四样东西，可见他们也是很怕雷的，可是不知怎的对于雷公毫不尊敬，正如并不崇祀火神一样。我查日本的类书就没有看见雷击不孝子这类的纪事，虽然史上不乏有人被雷震死，都只当作一种天灾，有如现时的触电，不去附会上道德的意义。在文学美术上雷公却时时出现，可是不大庄严，或者反多有喜剧色彩。十四世纪的"狂言"里便有一篇《雷公》，说他从天上失足跌下来，闪坏了腰，动弹不得，请一位过路的庸医打了几针，大惊小怪地叫痛不迭，总算医好了，才能飞回天上去。民间画的"大津绘"里也有雷公的画，圆眼獠牙，顶有双角，腰裹虎皮，正是鬼（oni，恶鬼，非鬼魂）一般的模样，伏身云上，放下一条长绳来，挂着铁锚似的钩，去捞那浮在海水上的一个雷鼓。有名的滑稽小说《东海道中膝栗毛》（膝栗毛意即徒步旅行）后编下记老年朝山进香人的自述，雷公跌坏了在他家里养病，就做了他的女婿，后来一去不返，有雷公朋友来说，又跌到海里去被鲸鱼整个地吞下去了。我们推想这大约是一位假雷公，但由此可知民间讲雷公的笑话本来很多，而做女婿乃是其中最好玩的资料之一，据说还有这种春画，实在可以说是大不敬了。这样的洒脱之趣我最喜欢，因为这里有活力与生意。可惜中国缺少这种精神，只有《太平广记》载狄仁杰事，(《五杂组》亦转录）雷公为树所夹，但是救了他有好处，也就成为报应故事了。日本国民更多宗教情绪，而对于雷公多所狎侮，实在却更有亲近之感。中国人重实际的功利，宗教心很淡薄，本来也是一种特点，可是关于水火风雷都充满那些恐怖，所有记载与说明，都那么惨酷刻薄，正是一种病态心理，即可见精神之不健全。哈理孙女士论希腊神话有云："这是希腊的美术家与诗人的职务，来洗除宗教中的恐怖分子。这是我们对于希腊神话作者的最大的负债。"日本庶几有希腊的流风余韵，中国文人则专务创造出野蛮的新的战栗来，使人心愈益麻木萎缩，岂不哀哉。

乡村与道教思想

◎《群仙祝寿图》佛道 清 任熊

改良乡村的最大阻力，便在乡人们自身的旧思想，这旧思想的主力是道教思想。

所谓道教，不是指老子的道家者流，乃是指有张天师做教王，有道士们做祭司的，太上老君派的拜物教。平常讲中国宗教的人，总说有儒、释、道三教，其实儒教的纲常早已崩坏，佛教也只剩了轮回因果几件和道教同化了的信仰还流行民间，支配国民思想的已经完全是道教的势力了。我们不满意于"儒教"，说他贻害中国，这话虽非全无理由，但照事实看来，中国人的确都是道教徒了。几个"业儒"的士类还是子曰诗云地乱说，他的守护神实在已非孔孟，却是梓潼帝君伏魔大帝这些东西了。在没有士类来支撑门面的乡村，这个情形自然更为显著。《新陇杂志》里说，在陕西、甘肃住的人民总忘不了皇帝，"你碰见他们，他们不是问道，紫微星什么时候下凡，就是问道，徐世昌坐江山坐得好不好？"我想他们的保皇思想，并不是从"率土之滨莫非王臣"或"三月无君则吊"这些经训上得来的，他们的根据便只在"真命天子"这句话。这是玄穹高上帝派来的，是紫微星弥勒佛下凡的，所以才如此尊重！中国乡村的人佩服皇帝，是的确的，但说他全由儒教影响，是不的确的。他们的教主不是讲《春秋》大义的孔夫子，却是那预言天下从此太平的陈抟老祖。

我常看见宋学家的家庭里，生员的儿子打举人的父亲，打了之后，两个人还各以儒业自命，所以我说儒教的纲常本已崩坏了。在乡村里，自然更不消说，乡间有一种俗剧，名叫《目连戏》，其中有一节曰《张蛮打爹》，张蛮的爹说，"从前我打爹的时候，爹逃就完了，现在他打我，我逃他还追哩。"这很可以表示民间道德的颓废了。可是一面"慎终追远"却颇考究，对于嗣续问题尤为注意，不但有一点产业的如此，便是"从手到口"的穷朋友，也是一样用心。《新生活》二十八期的《一个可怜的老头子》里，老人做了苦工养活他的不孝的儿子，他的理由是"倘若逐了他出去，将来我死的时候哪个烧钱纸给我呢？"。孔子原是说"祭如在"，但后来儒业的人已多回到道教的精灵崇拜上去，怕若敖氏鬼的受饿了。乡村的嗣续问题，完全是死后生活的问题，与族姓血统这些大道理别无关系了。

此外还有许多道教思想的恶影响，因为相信鬼神魔术奇迹等事，造成的各种恶果，如教案，假皇帝，烧洋学堂，反抗防疫以及统计调查，打拳械斗，炼丹种蛊，符咒治病种种，都很明显，可以不必多说了。但有一件事，从前无论哪个愚民政策的皇帝都不能做到，却给道教思想制造成功的，便是相信"命"与"气运"。他们既然相信五星联珠是太平之兆，又相信紫微星已经下凡，那时同他们讲民主政治，讲政府为人民之公仆，他们哪里能够理解？又如相信资本家都是财神转世，自己的穷苦因为命里缺金，那又怎敢对于他们有不平呢？项羽亡秦，并不因他有重瞳异相的缘故，实在只为他说，"彼可取而代也！"把自己和秦始皇一样看待，皇帝的威严就消灭了。中国现在到处是大乱之源，却不怕他发作，便因为有这"命"的迷信。人相信命，便自然安分，不会犯上作乱，却也不会进取；"上等社会"的人可以高枕无忧，但是想全部的或部分的改造社会的人的努力,却也多是徒劳,不会有什么成绩了。

以上是我对于乡人的思想的一点意见,至于解决的方法,却还没有想出。就原始的拜物教的变迁看来,有两条路:其一,发达上去,进为一神的宗教;其二,被科学思想压倒,渐归消灭。所以有人根据了第一条路,想用基督教来消灭他,这原是很好的方法,但相差太远,不易融化,不过改头换面,将多神分配作教门圣徒,事实上还是旧日的信仰。第二条路更是彻底了,可是灌输科学思想的方法很有应该研究的地方,须得专门的人出来帮助,这一篇里不能说了。

结缘豆

◎ 结缘豆[1]

---

1 佛诞日,煮豆撒盐,赠与有缘人。食豆结缘,即结缘豆。

范寅《越谚》卷中风俗门云：

结缘，各寺庙佛生日散钱与丐，送饼与人，名此。

敦崇《燕京岁时记》有"舍缘豆"一条云：

四月八日，都人之好善者取青黄豆数升，宣佛号而拈之，拈毕煮熟，散之市人，谓之舍缘豆，预结来世缘也。谨按《日下旧闻考》，京师僧人念佛号者辄以豆记其数，至四月八日佛诞生之辰，煮豆微撒以盐，邀人于路请食之以为结缘，今尚沿其旧也。

刘玉书《常谈》卷一云：

都南北多名刹，春夏之交，士女云集，寺僧之青头白面而年少者着鲜衣华屦，托朱漆盘，贮五色香花豆，蹀躞于妇女襟袖之间以献之，名曰结缘，妇女亦多嬉取者。适一僧至少妇前奉之甚殷，妇慨然大言曰，良家妇不愿与寺僧结缘。左右皆失笑，群妇赧然缩手而退。

就上边所引的话看来，这结缘的风俗在南北都有，虽然情形略有不同。小时候在会稽家中常吃到很小的小烧饼，说是结缘分来的，范啸风所说的饼就是这个。这种小烧饼与"洞里火烧"的烧饼不同，大约直径一寸高约五分，馅用椒盐，以小皋步的为最有名，平常二文钱一个，底有两个窟窿，结缘用的只有一孔，还要小得多，恐怕还不到一文钱吧。北京用豆，再加上念佛，觉得很有意思，不过二十年来不曾见过有人拿了盐煮豆沿路邀吃，也不听说浴佛日寺庙中有此种情事，或者现已废止亦未可知。至于小烧饼如何，则我因离乡里已久不能知道，据我推想或尚在分送，盖主其事者多系老太婆们，而老太婆者乃是天下之最有闲而富于保守性者也。

结缘的意义何在？大约是从佛教进来以后，中国人很看重缘，有时候还至于说得很有点神秘，几乎近于命数。如俗语云，"有缘千里来相会，无缘对面不相逢"，又小说中狐鬼往来，末了必云"缘尽矣"，乃去。敦礼臣所云预结来世缘，即是此意。其实说得浅淡一点，或更有意思，例如唐伯虎之三笑，才是很好的缘，不必于冥冥中去找红绳缚脚也。我很喜欢佛教里的两个字，曰"业"曰"缘"，觉得颇能说明人世间的许多事情，仿佛与遗传及环境相似，却更带一点儿诗意。日本无名氏诗句云：

虫呵虫呵，难道你叫着，业便会尽了么？

这业的观念太是冷而且沉重，我平常笑禅宗和尚那么超脱，却还挂念腊月二十八，觉得生死事大也不必那么操心，可是听见知了在树上喳喳地叫，不禁心里发沉，真感得这件事恐怕非是涅槃是没有救的了。缘的意思便比较温和得多，虽不是三笑那么圆满也总是有人情的，即使如库普林[1]在《晚间的来客》所说，偶然在路上看见一双黑眼睛，以至梦想颠倒，究竟逃不出是春叫猫儿猫叫春的圈套，却也还好玩些。此所以人家虽怕造业而不惜作缘欤？若结缘者又买烧饼煮黄豆，逢人便邀，则更十分积极矣，我觉得很有兴趣者盖以此故也。

为什么这样的要结缘的呢？我想，这或者由于不安于孤寂的缘故吧。富贵子嗣是大众的愿望，不过这都有地方可以去求，如财神送子娘娘等处，然而此外还有一种苦痛却无法解除，即是上文所说的人生的孤寂。孔子曾说过，鸟兽不可与同群，吾非斯人之徒而谁与。人是喜群的，但他往往在人群中感到不可堪的寂寞，有如在庙会时挤在潮水般的人丛里，特别像是一片树叶，与一切绝缘而孤立着。念佛号的老公公老婆婆也不会不感到，或者比平常人还要深切吧，想用什么仪式来施行祓除。列位莫笑他们这几颗豆或小烧饼，有点近似小孩们的"办人家"，实在却是圣餐的面包葡萄酒似的一种象征，很寄存着深重的情意呢。我们的确彼此太缺少缘分，假如可能实有多结之必要，因此我对于那些好善者着实同情，而且大有加入的

---

1 即亚历山大·伊万诺维奇·库普林（1870—1938），俄国作家。

意思，虽然青头白面的和尚我与刘青园同样的讨厌，觉得不必与他们去结缘，而朱漆盘中的五色香花豆盖亦本来不是献给我辈者也。

我现在去念佛拈豆，这自然是可以不必了，姑且以小文章代之耳。我写文章，平常自己怀疑，这是为什么的：为公乎，为私乎？一时也有点说不上来。钱振锽《名山小言》卷七有一节云：

文章有为我兼爱之不同。为我者只取我自家明白，虽无第二人解，亦何伤哉，老子古简，庄生诡诞，皆是也。兼爱者必使我一人之心共喻于天下，语不尽不止，孟子详明，墨子重复，是也。《论语》多弟子所记，故语意亦简，孔子诲人不倦，其语必不止此。或怪孔明文采不艳而过于丁宁周至，陈寿以为亮所与言尽众人凡士云云，要之皆文之近于兼爱者也。诗亦有之，王孟闲适，意取含蓄，乐天讽谕，不妨尽言。

这一节话说得很好，可是想拿来应用却不很容易，我自己写文章是属于哪一派的呢？说兼爱固然够不上，为我也未必然，似乎这里有点儿缠夹，而结缘的豆乃仿佛似之，岂不奇哉。写文章本来是为自己，但他同时要一个看的对手，这就不能完全与人无关系，盖写文章即是不甘寂寞，无论怎样写得难懂，意识里也总期待有第二人读，不过对于他没有过大的要求，即不必要他来做喽啰而已。煮豆微撒以盐而给人吃之，岂必要索厚偿，来生以百豆报我，但只愿有此微末情分，相见时好生看待，不至依依来去耳。古人往矣，身后名亦复何足道，唯留存二三佳作，使今人读之欣然有同感，斯已足矣，今人之所能留赠后人者亦止此，此均是豆也。几颗豆豆，吃讨忘记未为不可，能略为记得，无论转化作何形状，都是好的，我想这恐怕是文艺的一点效力，他只是结点缘罢了。我却觉得很是满足，此外不能有所希求，而且过此也就有点不大妥当，假如想以文艺为手段去达别的目的，那又是和尚之流矣，夫求女人的爱亦自有道，何为舍正路而不由，乃托一盘豆以图之，此则深为不佞所不能赞同者耳。

记嫁鼠词

◎《灯鼠图》齐白石

徐时栋《烟屿楼读书志》卷十六,《清白居士集》第五条云:

杭俗谓除夕鼠嫁女,窃履为轿。

《蜕稿》中有《嫁鼠词》,中有警语云,"好合定知时在子,以履为车鼠子迓,鼠妇新来拜鼠姑,鼠姑却立拱而谢。"运用自然。

萧山寅半生编《天花乱坠》二集卷五有王衍梅《鼠嫁词》,小引云:

《虞城志》正月十七夜民间禁灯,以便鼠嫁。

诗凡二十五韵,有云:

颠当守门防客走,拱鼠前揖将进酒,
小姑艳过鼠姑花,厨下先尝侬洗手。

与梁作近似,但我又喜其他四句云:

啾啾唧唧数聘钱,香车飞驾雕梁边,
娇羞蟢镜一相照,不许灯花窥并肩。

此与以履为车纯是童话意境，在诗文中殊不易见到。鼠嫁女也是有趣的民间俗信，小时候曾见有花纸画此情景，很受小儿女的欢迎，不知现今还有否也。王衍梅著有《绿雪堂集》二十卷，查阅两讨，却找不着那篇《鼠嫁词》，寅半生或别有所据欤。

张天翁

《香祖笔记》卷六云：

古今传记如《拾遗记》《东方朔外传》之类，悉诞谩不经，然未有如《诺皋记》之妄者。一事尤可捧腹，云天翁姓张名坚，字刺渴，渔阳人。少不羁，尝罗得一白雀，爱而养之。梦天刘翁责怒，每欲杀之，白雀辄以报坚，坚设诸方待之，终莫能害。天翁遂下观之，坚盛设宾主，乃窃乘天翁车，骑白龙，振策登天，天翁追之不及。坚既到天宫，易百官，杜塞北门，封白雀为上卿。刘翁失治，徘徊五岳作灾，坚患之，以刘翁为太山太守，主生死之籍。鄙倍至此，不可以欺三岁小儿，而公然笔之于书，岂病狂耶。段柯古唐之文人，何至乃尔。

案，此事便只是荒唐得好玩，是传说与童话的特色，与经史正大相殊耳。震钧著《庚子西行记事》中云：

又闻某处有拳坛,其坛上但供伏魔大帝神牌,或有供鸿钧道人者,又未几则沿街多贴有告白,仿佛希腊神话。

夫关公与鸿钧老祖在《三国演义》、《封神传》中岂非很好的脚色,但不堪坐坛上实司刑政,以贻害邦国,正如上古希腊用人于社煞是可怕,后来亚耳德米斯处女神止在神话中出现,原无妨其庄严之美,为诗人所歌咏叹美也。我最喜欢《聊斋志异》上面的一首渔洋山人题诗,至今还背诵得来,其词云:

姑妄言之姑听之,豆棚瓜架雨如丝,料应厌作人间语,爱听秋坟鬼唱诗。

案此诗亦见渔洋《蚕尾集》中。懂得这个意思,自然便会爱读《诺皋记》与希腊神话的故事,王君奈何自己倒忘了,对段柯古[1]大认其真耶。中国道教的天上朝廷原还是人间的那一套,不过镀了一点金而已,如李义山著《李贺小传》所说,上帝修白玉楼成,找长吉去作记,可为一例,——金銮殿还只是土木,这楼大约是以白玉代砖吧。至于这里所记鄙倍的事,刘张二位交代天翁职位,实在也无非把人世篡夺的把戏应用到天上去罢了,论道理并没有什么不对。世人既承认天廷的朝见和

---

1 即段成式(803—863),字柯古。唐代志怪小说家。

除授，却不信其也有史上见惯的篡夺，则正是知二五而不知一十也。《癸巳存稿》卷十三《张天帝》一则中亦述此事，云此当是张道陵造作道书时议论，检《道藏》书未见也。此评甚确，可以从刘张二姓上看出来，五斗米贼之气焰亦尚存在，后世居然任为天师，可知黄巢之造庙非不应该。但是俞理初的话也只是确实到这里为止。前面已说过夺位系取诸史上，其余设想及白雀白龙则是传说中现成的材料，俯拾即是，不能归在张道陵名下，算是他的新意匠者也。同一荒唐，在神话中则可喜，在人世间便可怕，此一极简单事，本可不烦言说，但世上知之者似正亦不多耳。

关于祭神迎会

柳田国男氏所著《日本之祭》（译名未妥）是这一方面很有权威的书，久想一读，可是得来了很久，已有三个多月，才得有功夫通读一过，自己觉得是可喜的事。但是我虽然极看重日本民族的宗教性，极想在民间的祭祀上领会一点意义，而对于此道自己知道是整个的门槛外人，所以这回也不是例外，除了知悉好些事情之外，关于祭的奥义实在未能了解多少。我只简单地感到几点与中国特别殊异，觉得颇有意思。其一，日本祭神须立一高竿，以为神所凭依降临之具，这在中国是没有的，据说满洲[1]祀神典礼有神竿，或者有点相像。日本佛教一样的尊崇图像，而神道则无像设，神社中所有神体大抵是一镜或木石及其他。非奉祀神官不得见知。中国宗教不论神佛皆有像，其状如人，有希腊之风，

---

1 满洲，旧时指我国东北一带，清末日俄势力入侵，称东三省为满洲。

◎《八十七神仙卷》绢本 唐（传吴道子）徐悲鸿纪念馆藏

与不拜偶像之犹太教系异，亦无神体之观念，所拜有木石之神，唯其像则仍是人形也。其二，祭字在日本据云原意是奉侍，故其事不止供奉食品，尤重在陪食分享，在中国似亦无此意义。盖日本宗教，求与神接近，以至灵气凭降，神人交融，而中国则务敬鬼神而远之，至少亦敬而不亲。以世间事为譬，神在日本于人犹祖祢，在中国则官长也。日本俗称死者曰佛，又人死后若干年则祀为神；中国死人乃成罪犯，有解差押送，土地城隍等于州县，岳庙为臬司或刑部，死后生活黯淡极矣。二者历史不同，国体尤不同，其殊异随处可见，于此亦极显然也。日本神社祭赛，在都市间亦只祭祀，演神乐，社内商贩毕集，如北京之庙会，乡间则更有神舆出巡，其势甚汹涌，最为特别。在本国内，亦稍见闻民间的迎神赛会，粗野者常有之，不甚骇异，惟见日本迎神舆者辄不禁悚惧，有与异文化直接之感。鄙人固素抱有宗教之恐怖，唯超理性的宗教情绪在日本特为旺盛，与中国殊异，此亦正是事实，即为鄙见所根据者也。

中国民间对于鬼神的迷信，或者比日本要更多，且更离奇，但是其意义大都是世间的，这如结果终出于利害打算，则其所根据仍是理性，其与人事相异只在于对象不同耳。大抵民众安于现世，无成神作佛的大愿，即顷刻间神灵附体，得神秘的经验，亦无此希求，宗教行事的目的非为求福则是免祸而已。神学神话常

言昔时神人同居，后以事故天地隔绝，交通遂断，言语亦不能相通，唯有一二得神宠幸者，如巫觋若狂人，尚能降神或与相接，传达神意于人间耳。在中国正是道地如此，其神人隔绝殆已完遂，平时祭赛盖等于人世应酬，礼不可缺，非有病苦危急不致祈请，所用又多是间接方法，如圣筊签经，至直接的烦巫师跳神，在北方固常有之，则是出于萨门教[1]，或是满洲朝鲜西北利亚[2]的流派，亦未可知。据个人的见闻经验，就故乡绍兴地方祭神迎会的情形，稍为记述，用作实例，可以见民间敬神习俗之一斑，持与日本相较，其间异同之迹，盖显然可见矣。

外国祭神大抵都在神社，中国则有在庙里的，也有在家里的，如灶神不必说了，岁末的祝福元旦的祀南朝圣众，祭火神用绿蜡烛，祭疫神用豆腐一作，称"豆腐菩萨"，皆是。外国敬神用礼拜赞颂，以至香花灯烛，中国则必有酒肉作供品。平常祭神用方桌木纹必须横列，谚曰，横神直祖。香烛之外设三茶六酒，豆腐与盐各一碟，三牲为鸡鹅均整个，猪肉一方，乡人或用猪头，熟而荐之，上插竹筷数双，又鸡血一碗，亦蒸熟者。主人从桌后再拜，焚金银纸元宝，燃双响爆竹十枚送神如仪。这好像是在家里请客，若往庙去祭，有如携樽就教，设备未免要简单一点了，大抵是茶酒盐腐从略，三牲合装在大木盘里，鸡血与脏物仍旧，反正这也可以放在盘内的。绍兴神庙祭

---

[1] 即萨满教。

[2] 西伯利亚。

祀最盛者,当推东岳,府县城隍,潮神张老相公,但是以我的经验比较地记忆最深的乃是别的两处,一是大桶盘湖边的九天玄女,一是南镇的会稽山神。老百姓到这两处祭祀的理由为何,我不知道,大约也还是求福吧。总之据我所亲见,那里致祭的人确实不少。这事情大约已在三四十年以前,但印象还很深刻明了,站在南镇内殿的廊下,看见殿内黑压压的一屋的人,真是无容膝之地,只要有这一点隙地,人就俯伏膜拜,红烛一封封地递上去,庙祝来不及点,至多也只焦一焦头而已。院子里人山人海,但见有满装鸡与肉的红白大木盘高举在顶上,在人丛中移动,或进或出,络绎不绝。大小爆竹夹杂燃放,如霹雳齐发,震耳成聋,人声嘈杂,反不得闻。虽然没有像《陶庵梦忆》记陶堰司徒庙上元设供,水物陆物,非时非地,那么奢华,却也够得上说丰富,假如那种赠送移在活人官绅家,也够说是苞苴公行,骇人听闻了。这虽是一句玩笑话,即此可见人民对于神明供奉还是全用世间法,这在外国宗教上不多见,或者与古希腊多神教相比,差相似耳。

诸神照例定期出巡,大约以夏秋间为多,名曰"迎会",出巡者普通是东岳、城隍、张老相公,但有时也有佛教方面的,如观音菩萨。据《梦忆》卷四记枫桥杨神庙九月迎台阁,似在明季十分的热闹,但我所见是三百年后的事情,已经很简单了,特别是在城里。迎会之日,先挨家分神马,午后各铺户于门口设香烛以俟。会伙最先为开道的锣与头牌,次为高照即大纛，高可二三丈，用绸缎刺绣，中贯大猫竹，一人持之行，四周有多人拉纤或执叉随护，重量当有百余斤，而持者自若，时或游戏，放着肩际以至鼻上，称为"嬉高照"。有黄伞制亦极华丽，不必尽是黄色，但世俗如此称呼，此与高照同，无定数，以多为贵。次有音乐队，名曰"大敲棚"，木棚雕镂如床，上有顶，四周有帘幔，棚内四角有人舁以行，乐人在内亦且走且奏乐，乐器均缚置棚中也。昔时有马上十番，则未之见。有高跷，略与他处相同，所扮有滚凳，活捉张三，皆可笑，又有送夜头一场，一人持砻筛，上列烛台酒饭碗，无常鬼随之。无常鬼有二人，一即活无常，白衣高冠草鞋，持破芭蕉扇；一即死有分，如《玉历钞传》所记，民间则称之曰"死无常"，读如国音之"喜无上"。活无常这里乃有家属，其一曰"活无常嫂嫂"，白衣敷脂粉，为一年轻女人；其二曰"阿领"，云是拖油瓶也，即再醮妇前夫之子，而其衣服容貌乃与活无常一律，但年岁小耳。此一行即不在街心演作追逐，只迤逦走过，亦令观者不禁失笑，老百姓之诙谐亦正于此可见。台阁饰小儿女扮戏曲故事，或坐或立，抬之而行，又有骑马上者，儿时仿佛听说叫"塘报"，却已记忆不真。《梦忆》记杨神庙台阁一则中有云：

十年前迎台阁，台阁而已，自骆氏兄弟主之，扮马上故事二三十骑，扮传奇一本，年年换，三日亦三换之。其人与传奇中人必酷肖方用，全在未扮时，一指点为某似某，非人人绝倒者不之用。

似骑者亦即是台阁，又其时皆以成人扮演，后来则只用少年男女，大抵多是吏胥及商家，各以衣服装饰相炫耀，世家旧族不肯为也。若出巡者为东丘或城隍，乃有扮犯人者，范寅《越谚》云："《梦梁录》，答赛带枷锁，是也，越赛张大明王最久而盛。"则似张老相公出巡时亦有之，不知何意，岂民间以为凡神均管理犯罪事耶。随后是提炉队，多人着吏服提香炉，焚檀香，神像即继至，坐显轿，从者擎遮阳掌扇，两旁有人随行，以大鹅毛扇为神招风。神像过时，妇孺皆膜拜，老妪或念诵祈祷，余人但平视而已。其后有人复收神马去，殆将聚而焚送，至此而迎会之事毕矣。

以上所述是城里的事，若在水乡情形稍有不同，盖多汊港又路狭，神轿不能行走，会伙遂亦不能不有所改变，台阁等等多废置，唯着重于划龙船一事。《越谚》云：

划龙船，始于吴王夫差与西施为水戏，继吊屈原为竞渡，隋炀帝画而不雕，与此异。《元典章》云，划掉龙船，江淮闽广江西皆有此戏，合移各路禁治。然皆上巳端午而已，越则赛会辄划，暮春下浣，陡亹安昌东浦各市，四月初六青田湖，六月初七章家弄桥，十四五六等日吴融小库皇甫庄等村，年共三十余会，不胜书。船头则昂竖龙首项，尾搧在舵上，金鳞彩旗锣鼓，扮故事。

这是记绍兴划龙船的很好的资料。鄙人不曾到过龙船上，只是小时候远远地看，所以不能比范君讲得更详细，实在大家对于龙船的兴味也就如此而已，我们所觉得更为有趣的乃别有在，这便是所谓泥鳅龙舡是也。此舡长可二丈，宽约二尺许，船首作龙头，末一人把舵，十余人执楫划船，船行如驶，泥鳅云者谓其形细长而行速也。行至河中水深处，辄故意倾侧，船立颠覆，划者在船下泅泳，推船前进，久之始复翻船戽水，登而划船如故。龙舟庄重华丽，泥鳅龙船剽悍洒脱，有丑角之风，更能得观众之欢喜。村中少年皆善游水，亦得于此大显其身手焉。神像坐一大船中，外有彩棚，大率用摇橹者四五人，船首二人执竹篙矗立。每巡行至一村，村中临河搭台演戏以娱神，神船向台蓦进，距河岸约一二尺，咄嗟间二篙齐下，巨舟即稳定，不动分寸，此殆非有数百斤力者不办，语云，南人使船如马，正可以此为例。执篙者得心应手，想亦必感到一乐也。未几神船复徐徐离岸，向别村而去。鄙人所见已是三十余年前事，近来如何所不能知，唯根据自己的见闻，在昔时有如此情形，则固十分的确，即今亦可保证其并无诳语在中者也。

看上文所记祭神迎会的习俗，可以明了中国民众对神明的态度，这或可以说礼有余而情不足的。本来礼是一种节制，要使得其间有些间隔有点距离，以免任情恣意而动作，原是儒家的精意。所谓敬鬼神而远之，亦即是以礼相待，这里便自不会亲密，非是故意疏远，有如郑重设宴，揖让而饮，自不能如酒徒轰笑，勾肩扽鼻，以示狎习也。中国人民之于鬼神正以官长相待，供张迎送，尽其恭敬，终各别去，洒然无复关系，故祭祀迎赛之事亦只是一种礼节，与别国的宗教仪式盖迥不相同。故柳田国男氏在《祭礼与世间》第七节中所记云：

我幸而本来是个村童，有过在祭日等待神舆过来那种旧时感情的经验。有时候便听人说，今年不知怎的御神舆是特别的发野呀。这时候便会有这种情形，仪仗早已到了十字路口了，可是神舆老是不见，等到看见了也并不一直就来，总是左倾右侧，抬着的壮丁的光腿忽而变成Y字，忽而变成X字，又忽而变成W字，还有所谓举起的，常常尽两手的高度将神舆高高地举上去。

这类事情在中国神像出巡的时候是绝没有的。日本国民富于宗教心，祭礼正是宗教仪式，而中国人是人间主义者，以为神亦是为人生而存在者，此二者之间正有不易渡越的壕堑。了解别国固是大难，而自己的事须要先弄清楚的亦复不少，兵荒马乱中虽似非急务，但如得有人注意，少少加以究明，亦为有益，未始不可为相互之福也。

无生老母的信息

刘青园著《常谈》四卷，余喜其识见通达，曾在《苦竹杂记》中抄录介绍，近日重阅，见卷一中有一则云：

一士深夜闻斋外数人聚谈。一曰，某人久困科场，作报应书若干篇，遂登第。一曰，某素贫，诵经若干篇，遂巨富。一曰，某乏嗣，刷善书若干部，遂获佳儿。一曰，某久病，斋僧若干即愈。相与咨嗟叹赏，纷纷不已。忽一曰，公等误矣，士君子正心诚意修己治人，分内之事，何必假之以祸福功效，如公等言，则神道为干求之蔽矣。适所指之人，皆礼法不明，王法不惧，梗顽之民，语之以圣贤之道，格格不能入，故假为鬼神报应天堂地狱之说以惧之，冀其暂时回头，所谓以盗攻盗，不得已之下策也。因而流弊至于河伯娶妇，岳帝生男，奸徒借此惑众敛财，叛逆生焉，尹老须王法中之徒其明证也。公等读书人宜崇圣贤之教，尊帝王之法，达则移风易俗，为士民之表率，穷则独善其身，为子孙之仪型，何至自处卑污，甘作真空家乡无生父母之护法也。(原注云,此二句邪教中相传受语,破案时曾供出,故人得闻。)言毕三叹而去。为人为鬼,固不得知,孰是孰非,可得而辩。

刘君不信有鬼,此处设为谈话,盖是仿效纪晓岚的手法,其反对讲报应刻善书大有见解,与鄙意甚相合。近日杂览,关于无生老母稍感兴趣,见文中提及,便抄了下来,拿来做个引子。鄙人原是小信的人,无论什么宗派,怎么行时或是合法,都无加入的意思,但是对于许多信仰崇拜的根本意义,特别是老母一类的恋慕归依,我也很是理解,至少总是同情,因而常加以注意。可惜这些资料绝不易得,自五斗米道,天师道,以至食菜事魔的事,我们只见到零碎的记载,不能得要领,明清以来的事情也还是一样。碰巧关于无生老母却还可以找到一点材料,因为有一位做知县老爷的黄壬谷,于道光甲午至辛丑这七年间,陆续编刊《破邪详辩》三卷,续、又续、三续各一卷,搜集邪经六十八种,加以驳正,引用有许多原文,正如《大义觉迷录》里所引吕留良、曾静原语一样,使我们能够窥见邪说禁书的一斑,正是很运气的一件事。这些经卷现在既已无从搜集,我们只好像考古学家把拣来的古代陶器碎片凑合粘成,想象原来的模型一样,抄集断章零句来看看,不独凭吊殉教的祖师们之悲运,亦想稍稍了解信仰的民众之心情。至于恐怕或者终于失败,那当然是在预计中的,这也没有关系,反正

◎《白莲教之乱》清 佚名

就只是白写这几千字，耗废若干纸墨罢了。

这种民间信仰在官书里大抵只称之曰邪教，我们槛外人也不能知道他究竟是什么，总之似乎不就是白莲教。在《正信除疑无修证自在卷》内有云："白莲教，下地狱，生死受苦。白莲教，转四生，永不翻身。白莲教，哄人家，钱财好物。犯王法，拿住你，苦害多人。"那么这到底是什么教呢？据道光十二年壬辰查办教匪的上谕里说，王老头子即王法中所学习的是白阳教，尹老须是南阳教，萧老尤是大乘教，但其实他们似乎还是一家，不过随时定名，仿佛有许多分派。《古佛天真考证龙华宝经》内云：

红阳教，飘高祖。净空教，净空僧。无为教，四维祖。西大乘，吕菩萨。黄天教，普静祖。龙天教，米菩萨。南无教，孙祖师。南阳教，南阳母。悟明教，悟明祖。金山教，悲相祖。顿悟教，顿悟祖。金禅教，金禅祖。还源教，还源祖。大乘教，石佛祖。圆顿教，圆顿祖。收源教，收源祖。

共计十六种，可谓多矣，却一总记着，其中似以飘高即山西洪洞县人高杨所立的红阳教为最早。案《混元红阳显性若果经》内云：

混元一气所化，现在释迦掌教，为红阳教主。过去青阳，现在红阳，未来才是白阳。

又云：

大明万历年，佛立混元祖教，二十六岁上京城。

《混元红阳血湖宝忏》内云：

太上飘高老祖于万历甲午之岁，正月十五日，居于太虎山中，广开方便，济度群迷。

又《混元红阳明心宝忏》中卷内云：

冲天老祖于开荒元年甲辰之岁，五月五日，居于无碍宫中，圣众飞空而来。

甲辰即万历三十二年（1604），在甲午后十年矣。此皆系飘高自述，可以考见其立教传道的年代。《混元红阳临凡飘高经》有序文云：

万历年中初立混元祖教，二十六岁上京城，先投奶子府，有定国公护持。混元祖教兴隆，天下春雷响动，御马监程公，内经厂石公，盔甲厂张公三位护法。

这是很有价值的文献，据黄壬谷考证云：

此言万历年中初立混元祖教，至天启元年封魏忠贤为定国公，此言定国公护持，即知红阳始于万历而盛于天启也。至于御马监程公即太监陈矩，将陈字讹为程字，内经厂石公即太监石亨，又有石清、石栋、石彦明，兄弟叔侄同为太监，盔甲厂张公即太监张忠，此时太监皆信邪教，而独言此四人者，以此四人积财甚富，印经最多，固非他人所能及也。

黄君又言邪经系刻板大字印造成帙，经之首尾各绘图像，经皮卷套锦缎装饰，原系明末太监所刻印，愚民无知，遂以式样与佛经相同，而又极体面，所以误信。此亦是绝好掌故材料，如此奇书珍本，惜无眼福得以一见。《飘高经》本文中又称石亨为中八天天主，后又有南岳府君石彦名，东天石清仁圣帝，中央玉帝老石亨等语，对于护法者的恭维可谓至矣极矣。明季太监多喜造寺庙以求福，由此乃知刻经亦不少，内经厂自然更有关系，故其特别颂扬老石亨一家正不为无故也。

红阳教有八字真言曰，"真空家乡，无生父母"。这一看当然是出于佛教，可是他们的神学神话里混杂着大半的道教与民间的怪话，很是可笑，如《飘高经无天无地混沌虚空品》内云：

无天无地，先有混漾，后有滋漾。滋漾长大，结为元卵，叫作天地玄黄。玄黄迸破，现出混元老祖，坐在阿罗国。

又《老祖宗临凡品》内云：

混元老祖，无生老母，真空石佛皆临凡，白日乞化，夜晚窑中打坐受苦，苦炼身心，但说临凡一遭，添一元像，终有万斤之佛性。

《龙华宝经古佛乾坤品》内则云：

无生母，产阴阳，婴儿姹女。起乳名，叫伏羲，女娲真身。李伏羲，张女娲，人根老祖。有金公，和黄婆，匹配婚姻。混元了，又生出，九十六亿。皇胎儿，皇胎女，无数福星。无生母，差皇胎，东土住世。顶圆光，身五彩，脚踏二轮来东土，尽迷在，红尘景界。捎家书，吩咐你，龙华相逢。

《飘高经》虽然在前，所说不但佛道混杂，而且老祖宗有了三位，显系后来做作，弓长撰《龙华宝经》据说在崇祯年中，可是我觉得他所说的更保有原来的传统。大概人类根本的信仰是母神崇拜，无论她是土神谷神，或是水神山神，以至转为人间的母子神，古今来一直为民众的信仰的对象。客观地说，母性的神秘是永远的，在主观的一面人们对于母亲的爱总有一种追慕，虽然是非意识的也常以早离母怀为遗恨，隐约有回去的愿望随时表现，这种心理分析的说法我想很有道理。不但有些宗教的根源都从此发生，就是文学哲学上的秘密宗教思想，以神或一或美为根，人从这里分出来，却又蕲求回去，也可以说即是归乡或云还元。《龙华经》作者集红阳之大成，而重复提高老母，为老祖宗之至上者，这不特深合立教本义，而且在传道上也极有效力，是很大的成功。《悟道心宗觉性宝卷》内有《盼望歌》云：

无生老母盼儿孙，传言寄信从费心，遍遍捎书拜上你，不肯回心找原根。

又《销释收圆行觉宝卷》内云：

无生母，在家乡，想起婴儿泪汪汪。传书寄信还家罢，休在苦海只顾贪。归净土，赴灵山，母子相逢坐金莲。

无生老母当阳坐，驾定一只大法船。单渡失乡儿和女，赴命归根早还源。

《销释真空扫心宝卷》内云：

劝大众，早念佛，修行进步。无生母，龙华会，久等儿孙。叫声儿，叫声女，满眼垂泪。有双亲，叫破口，谁肯应承。

这里用的是单词口调，文句俚俗，意思是父母招儿女回家，虽标称无空无，实在却全是痴，这似是大毛病，不过他的力量我想也即在此处。经里说无生老母是人类的始祖，东土人民都是她的儿女，只因失乡迷路，流落在外，现在如能接收她的书信或答应她的呼唤，便可回转家乡，到老母身边去。绅士淑女们听了当然只觉得好笑，可是在一般劳苦的男妇，眼看着挣扎到头没有出路，正如亚跛公长老的妻发配到西伯利亚去，途中向长老说，我们的苦难要到什么时候才完呢，忽然听见这么一种福音,这是多么大的一个安慰。不但他们自己是皇胎儿女,而且老母还那么泪汪汪的想念,一声儿一声女地叫唤着,怎不令人感到兴奋感激,仿佛得到安心立命的地方。一茶在随笔集《俺的春天》的小引中记有一段故事云:

> 昔者在丹后国普甲寺,有深切希求净土的上人。新年之始世间竞行祝贺,亦思仿为之,乃于除夕作书交付所用的沙弥,嘱令次晨如此如此,遂独宿大殿中。沙弥于元旦乘屋内尚暗,乌鸦初叫时,蹶然而起,如所指示,丁丁叩门。内中询问从何处来,答言此乃从西方弥陀佛来贺年的使僧是也。上人闻言即跣足跃出,将寺门左右大开,奉沙弥上坐,接昨日所写手札,顶礼致敬,乃开读曰,世间充满众苦,希速来吾国,当使圣众出迎,奉候来临。读毕感激,呜呜而泣。

一茶所记虽是数百年前事,当中国北宋时,但此种心情别无时间的间隔,至今可以了解,若老百姓闻归乡的消息时其欣喜亦当有如此僧也。

无生老母的话说到这里我觉得可以懂得,也别无什么可嫌之处,但既是宗教便有许多仪式和教义,这里我就很是隔膜,不能赞一词了。据《破邪详辩》卷三云:

> 邪教上供即兼升表者,欲无生知有此人,将来即可上天

也。挂号兼对合同者，唯欲无生对号查收，他人不得滥与也。开场考选，谓欲以此定上天之序也。以习教为行好，无知愚民亦以行好目之，若村中无习教者，即谓无行好者。

又《佛说阜极收元宝卷》等书内多说十步修行，殊不一致，或者义涉奥秘，须出口传，故不明言亦未可知。《销释圆通救苦宝卷》内有"夫子传流学而第一"之语，据黄壬谷在《又续破邪详辩》中说明之云：

近有清河教匪尹资源，号称尹老须者，因此捏出而字工夫，上天书丁之语。谬谓而字上一平画为天，次一撇画为上天之路，下四直画为习教之人，学而即学上天工夫，又以而字上两画形似丁字，故谓上天书丁。

此类怪话所在多有，最奇的或者要算《佛说通元收源宝卷》所说：

天皇治下大地乾坤，地皇时伏羲女娲治下大地人根，人皇时留下万物发生，五帝终有君臣，周朝终有神鬼，汉朝终有春夏秋冬，唐朝终有风雨雷电。

这真不知道说的是什么。《破邪详辩》卷三据刑部审办王法中案内供词云：

邪教谓红阳劫尽，白阳当兴，现在月光圆至十八日，若圆至二十三日，便是大劫。

又谓中央戊己土系王姓，东方甲乙木系张金斗，南方丙丁火系李彦文，北方壬癸水系刘姓，西方庚辛金系申老叙。案申老叙即王法中的师父。

于八卦增添二爻，改为十二卦，内加兴吉平安四卦，于六十四卦改为一百四十四卦，内加用则高至江河等八十卦。于九宫增添红皂青，并多一白字。于十二时增添纽宙唇末酬刻六时，为十八时。

这些做作可谓荒唐。大抵老母崇拜古已有之，后人演为教，又添造经卷，这些附加上去的东西全须杜撰，道教经典已是不堪，何况飘高弓长辈，虽尽力搜索，而枯肠所有止此，则亦是无可如何也。

《破邪详辩》卷三有一则，说明造邪经者系何等人，说的很有意思。其文云：

造邪经者系何等人？凡读书人心有明机，断不肯出此言；凡不读书人胸无一物，亦不能出此言。然则造邪经者系何等人？尝观民间演戏，有昆腔演戏，多用清江引，驻云飞，黄莺儿，白莲词等种种曲名，今邪经亦用此等曲名，按拍合板，便于歌唱，全与昆腔戏文相似。又观梆子腔戏，多用三字两句，四字一句，名为十字乱弹，今邪经亦三字两句，四字一句，重三复四，杂乱无章，全与梆子腔戏文相似。再查邪经白文鄙陋不堪，恰似戏上发白之语，又似鼓儿词中之语。邪经中骂五更曲卷卷皆有，粗俗更甚，又似民间打十不闲，打莲花落者所唱之语。至于邪经人物，凡古来实有其人而为戏中所常唱者，即为经中所常有，戏中所罕见者即为经中所不录；间有不见戏中而见于经中者，必古来并无其人而出于捏造者也。阅邪经之腔调，观邪经之人物，即知捏造邪经者乃明末妖人，先会演戏而后习邪教之人也。

又有论经中地名的一节云：

邪经所言地名不一而足，俱系虚捏，其非虚捏而实有此地者，唯直隶境内而已；于直隶地名有历历言之者，惟赵州桥一处而已。盖以俗刊赵州桥画图，有张果老骑驴，身担四大名山，从桥上经过，鲁班在桥下一手掌定，桥得不坏故事，邪教遂视为仙境，而有过赵州桥到雷音寺之说。不知此等图画本属荒谬，邪教信以为真，而又与戏班常演之雷音寺捏在一起，识见浅陋亦已极矣。

这两节都说得很有道理，虽然断定他先会演戏似乎可以不必，总之从戏文说书中取得材料，而以弹词腔调编唱，说是经卷无宁与莲花落相近，这是事实，因此那些著者系何等人也就可以推知了。再举几个实例，如《龙华宝经》内《走马传道品》云：

儒童祖，骑龙驹，川州通县。有子路，和颜渊，左右跟随。有曾子出，前来引路。七十二，众门徒，护定圣人。

《护国佑民伏魔宝卷》内叙桃园结义云：

拈着香，来哀告，青青天天。大慈悲，来加护，可可怜怜。俺三人，愿不求，富富贵贵。只求俺，弟兄们，平平安安。

写孔夫子和关公用的是这种笔法。又如关公后来自白，"论吾神，职不小"云云，亦是戏中口气也。《佛说离山老母宝卷》叙说无生老母在灵山失散，改了号名，叫离山老母往东京汴国凉城王家庄，度化王员外同子王三郎名文秀。老母令文英小姐画一轴画，赐王员外，王文秀将画挂在书房，朝夕礼拜，文英即从画内钻出，与文秀成亲，以后老母文英接引文秀，入斗牛宫。这里差不多是弹词本色，后花园私订终身，公子落

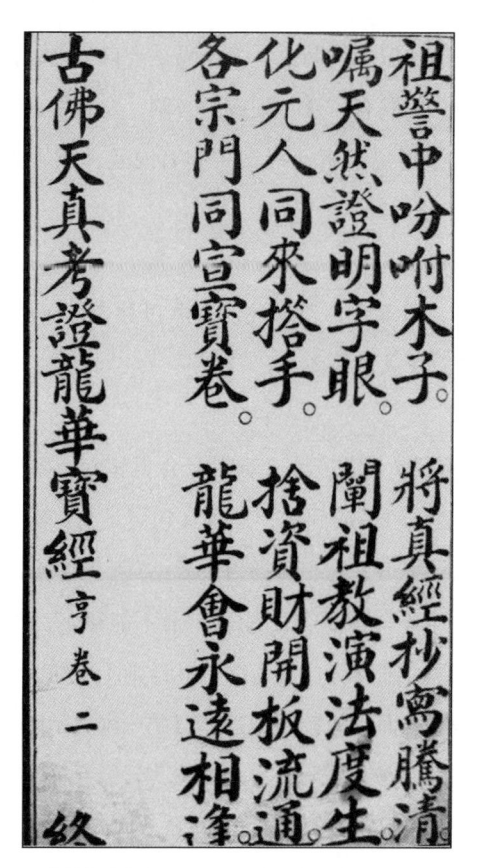

○《龙华宝经》

难，骊山老母搭救，正是极普通的情节。此等宝卷或者写得不高明，令人听了气闷，正是当然，若算作邪经论，实在亦是冤苦也。

清代邪教之禁极严，其理由则因其敛钱、奸淫、聚众谋反。经卷中造反似未见明文，大抵只是妄自尊大，自以为是圣贤神佛而已，但既有群众，则操刀必割，发起做皇帝的兴趣也属可能。关于财色二者，经文中亦有说及，或不为无因，如《皇极收元宝卷》云：

先天内，阴五神，阳五气。男取阴神者，即成菩萨之果；女采阳气者，即成佛家之身。

《龙华宝经》内亦云："吩咐合会男和女，不必你们分彼此。"本来暧昧事易成问题，此等文句更足为口实。又《姚秦三藏西天取经解论》内有赞扬当人云："风不能刮，雨不能湿，火不能烧，水不能淹，刀不能砍，箭不能穿。"案天门开放，当人出窍之说，道家旁门亦有之，其详则不可知，若以常识论之，亦只是妖妄而已。教门中盖亦有此一派，殆即义和拳所从出，今年五月无锡有姜明波习金光法，云能刀枪不入，试验失败而死，则是最近之实例也。

我以前涉览西欧的妖术史，对于被迫害的妖人们很有点同情，因为我不但看教会的正宗的书，也查考现代学术的著述，他们不曾把妖术一切画的整个漆黑。据茂来女士著《西欧的巫教》等书说，所谓妖术即是古代土著宗教的遗留，大抵与古希腊的地母祭相近，只是被后来基督教所压倒，变成秘密结社，被目为撒旦之徒，痛加剿除，这就是中世有名的神圣审问，直至十七世纪才渐停止。上边关于无生老母我说的话恐怕就很受着这影响，我觉得地母祭似的崇拜也颇有意思，总之比宙斯的父系的万神殿要好得多吧。林清、王伦的做皇帝的把戏，尹老须的而字工夫，姜明波的落魂伞，这些都除外，实在也并不是本来必需的附属品。单就这老母来看，孤独忧愁，想念着她的儿女，这与穷困无聊，奔走到她身边去的无知男妇，一样的可以同情。这有什么办法，能够除外那些坏东西，而使老母与其儿女平安相处的呢？我不知道。柳子厚文集中有一篇《柳州复大云寺记》，其前半云：

越人信祥而易杀，傲化而偭仁。病且忧，则聚巫师用鸡卜，始则杀小牲，不可则杀中牲，又不可则杀大牲，而又不可，则诀亲戚，饬死事，曰神不置我已矣，因不食，蔽面死。以故户易耗，田易荒，而畜字不蕃，董之礼则顽，束之刑则逃，唯浮图事神而语大，可因而入焉，有以佐教化。

柳州于是建立了四个佛寺，大云寺即其一，他的效力大约是很有的，因为后来寺烧掉了，居人失其所依归，复立神而杀焉，便是个证据。柳君到来，兴复了大云寺，用他自己的话来说，"使击磬鼓钟，以严其道而传其言，以人始复去鬼息杀而务趣于仁爱，病且忧，其有告焉而顺之，庶乎教夷之宜也。"这个办法现在也可以用么，我不敢下断语，总之他这话很有理解，非常人所能及，恐怕连韩退之也要算在内。近来我的脑子里老是旋转着孔子的几句话，中国究竟不知有多少万人，大概总可以说是庶了，富之与教之，怎么办呢。假如平民的生活稍裕，知识稍高，那么无生老母的崇拜也总可以高明得多吧。不过既想使工人吃到火腿，又要他会读培根，在西洋也还是不能兼得，中国又谈何容易。我这里费了些工夫，只算是就《破邪详辩》正续六卷书中抄出一点资料来，替著者黄壬谷做个介绍，不负他的一番劳力，虽然并不一定赞同他对于邪教之政治的主张。

《新年风俗志》[1]序

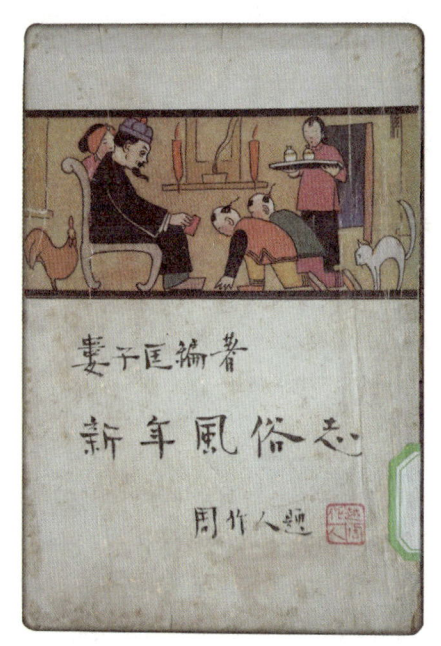

◎《新年风俗志》

---

[1] 《新年风俗志》，娄子匡编著，1932年9月由浙江绍兴的绍兴印刷局印制并在当地面市，上海商务印书馆于1935年1月出版发行该书。

◎《新年风俗志》周序

在小时候不知怎的对于时令的记载很感到兴趣。最初见到一本不全的《岁时广记》，时常翻看，几乎有点不忍释手。后来得到日本翻刻本顾禄的《清嘉录》，这其间已有十多年之隔了，但是我的兴趣不但是依然如故，而且还可以说是有点儿增加。这是什么缘故呢？简单地说，大抵因为我是旧式的人吧。中国旧日是农业的社会，不，其实现在也是如此，不过因了各色人等的努力使得农村日就毁坏罢了。——中国旧日对于节气时令是很看重的，农家的耕作差不多以节气作标准，改用公历，加上许多政治意味的纪念日，使它国家化、世界化了。这当然很好，但总之不是需要的农民历，这比头上挂不住箬帽还要不方便多了。田家作苦又是无间歇，或是不平匀的，他们不能按了房虚星昴来休息，忙时忙杀却又说不定闲时闲杀。这样说似乎农夫也是三个有闲的朋友，未免冤枉了他们，然而的确是有农闲，也就只有这时间可以休息或娱乐。我们城里人闹什么中秋端午，插菖蒲，看月亮，乡下人只是一样的要还账，实在没有多大味道，但是讲到新年以及各村不同的秋社，那真是万民同乐的一件大事情。予生也晚，已在马江战役之后，旧社会已开始动摇，然而在乡间过旧式的贫贱生活也总有十几年，受的许多影响未尽消灭，所以对于民间的时节风物至今还感到兴趣，这大抵由于个人的经历，因生爱好，其以学问为根底的缘因可以说是微乎其微了。

若是从学问上说，这些岁时节气却也不是那么微末无价值的。大家知道，英国彭女士的《民俗学概论》中第二部风俗编有一章是讲历及斋日、祭日的，在问题格中也详细地指导学人去记录搜讨。年和节气是从太阳来的，月的变换则是根据月亮，所以历的安排实在很是困难，罗马恺撒大将的那样办法，确如彭女士所说，只是把这问题决定而不是能够解决。本来既有阴阳之分，后来又加上新旧之别，在习惯上便留下多少零乱的旧迹。据说英国也还有这种情形，如财政结算及十年一次的国势调查都以四月五日为期,即是古时的"老太太节"。聪明的人所想象的那样世界,日出而作,日入而息,凿井而饮,耕田而食,除夕照常关门,元旦相见映映眼的社会未曾出现之前,人总难免有执着烦恼,歆羡嫌忌,那么古旧的老太太节之流也就有她的势力在人心里了。季节有些像是一座浮桥,从这边走到彼岸去,冬尽春来,旧年死了,新年才生。在这时候有许多礼节仪式要举行,有的应该严肃地送走,或拿出去或简直丢掉,有的又同样严肃地迎进来。这些迎新送旧的玩意儿,聪明人说它是迷信固然也对,不过不能说它没有意思,特别是对于研究文化科学的人们。哈理孙女士在《希腊神话》的引言中说:

宗教的冲动单只向着一个目的,即生命之保存与发展。宗教用两种方法去达到这个目的,一是消极的,除去一切于生命有害的东西,一是积极的,招进一切于生命有利的东西。全世界的宗教仪式不出这两种,一是驱除的,一是招纳的。

中国有句老话,叫作"驱邪降福",虽然平常多是题在钟进士、张天师的上头,却包括了宗教仪式的内容,也就说明了岁时行事的意义了。

一年里最重要的季候是新年,那是无可疑的。换年很有点儿抽象,说换季则切实多了,因为冬和春的交代乃是死与生的转变，于生活有重大关系，是应该特别注意的，这是过年礼仪特别繁多的所以，值得学子调查研究者也就在这地方。可惜中国从前很少有人留意，偶然有《清嘉录》等书就一个区域作纵的研究，却缺少横的，即集录各地方的风俗以便比较的书物。这回娄子匡先生编述《新年风俗志》，可以说是空前的工作，这在荒地里下了一铲子了。娄先生编此书成后叫我做序，差不多有大半年工夫了，我对于此道虽有兴趣，但是老不用功，实在空虚的很，序文做不出，光阴却迅速地过去了，日前得来信知道即将出版，只得赶紧拉杂写成，真是塞责而已。松仁缠和桂圆嵌胡桃的攒盒都已摆好了，却又把一包梅什儿放在上边，得弗为人客所笑乎。

关于送灶

◎ 晚清时期民间灶王爷形象　天津杨柳青木版年画

翻阅历书,看出今天已是旧历癸未十二月二十三日,便想起祭灶的事来。案明冯应京《月令广义》云:

燕俗,图灶神锓于木,以纸印之,曰灶马,士民竞鬻,以腊月二十四日焚之,为送灶上天。别具小糖饼奉灶君,具黑豆寸草为秣马具,合家少长罗拜,祝曰,"辛甘臭辣,灶君莫言。"至次年元旦,又具如前,为迎灶。

刘侗《帝京景物略》云:

二十四日以糖剂饼黍糕枣栗胡桃炒豆祀灶君,以槽草秣灶君马。谓灶君翌日朝天去,白家间一岁事,祝曰,"好多说,不好少说。"记称灶老妇之祭,今男子祭,禁不令妇女见之。祀余糖果,禁幼女不得令啖,曰,"啖灶余则食肥腻时口圈黑也。"

《日下旧闻考》案语乃云:

京师居民祀灶犹仍旧俗,禁妇女主祭,家无男子,或迎邻里代焉。其祀期用二十三日,惟南省客户则用二十四日,如刘侗所称焉。

敦崇《燕京岁时记》云：

二十三日祭灶，古用黄羊，近闻内廷尚用之，民间不见用也。民间祭灶惟用南糖关东糖糖饼及清水草豆而已，糖者所以祀神也，清水草豆者所以祀神马也。祭毕之后，将神像揭下，与千张元宝等一并焚之，至除夕接神时再行供奉。是日鞭炮极多，俗谓之小年下。

震钧《天咫偶闻》，让廉《京都风俗志》均云二十三日送灶，唯《志》又云，祭时男子先拜，妇女次之，则似女不祭灶之禁已不实行矣。

南省的送灶风俗，顾禄《清嘉录》所记最为详明，可作为代表，其文云：

俗呼腊月二十四夜为念四夜，是夜送灶，谓之送灶界。比户以胶牙饧祀之，俗称"糖元宝"，又以米粉裹豆沙馅为饵，名曰"谢灶团"。祭时妇女不得预。先期僧尼分贻檀越灶经，至是填写姓氏，焚化禳祲，篝灯载灶马，穿竹箸作杠，为灶神之轿，异神上天，焚送门外，火光如昼，拨灰中篝盘未烬者还纳灶中，谓之"接元宝"。稻草寸断，和青豆为神秣马具，撒屋顶，俗呼"马料豆"，以其余食之眼亮。

这里最特别的有神轿,与北京不同,所谓簪灯即是善富,同书云:

厨下灯檠,乡人削竹成之,俗名"灯挂"。买必以双,相传灯盘底之凹者为雌,凸者为雄。居人既买新者,则以旧灯糊红纸,供送灶之用,谓之善富。

《武林新年杂咏》中有善富灯一题,小序云:

以竹为之,旧避灯盏盏字音,锡名燃釜,后又为吉号曰善富。买必取双,俗以环柄微裂者为雌善富,否者为公善富。腊月送灶司,则取旧灯载印马,穿细薪作杠,举火望燎日,灶司乘轿上天矣。

越中亦用竹灯檠为轿,名曰"各富",虽名义未详,但可知燃釜之解释殆不可凭。各富状如小儿所坐高椅,高约六七寸,背半圆形即上文所云环柄,以便挂于壁间,故有"灯挂"之名。中间有灯盘,以竹连节如杯盏处劈取其半,横穿斜置,以受灯盏之油滴,盏用瓦制者,置檠上,与锡瓦灯台相同。小时候尚见菜油灯,唯已不用竹灯檠,故各富须于年末买新者用之,亦不闻有雌雄之说,但拾簪盘余烬纳灶中,此俗尚存,至日期乃为二十三日,又男女以次礼拜,均与吴中殊异。俗传

传统节俗 ‖ **061**

二十三日平民送灶，堕贫则用二十四日，堕贫者越中贱民，民国后虽无此禁，仍不与齐民伍，但亦不知究竟真是二十四日否也。厉秀芳《真州竹枝词》引云：

二十三四日送灶，卫籍与民籍分两日，俗所谓"军三民四"也。

无名氏《韵鹤轩杂著》卷下有《书茶膏阿五事》一篇，记阿五在元妙观前所谈，其一则云：

一日者余偶至观，见环而集者数十百人，寂寂如听号令。膏忽大言曰，有人戏嘲其友曰，闻君家以腊月廿五祀灶，有之乎？友曰，有之，先祖本用廿七，先父用廿六，及仆始用廿五，儿辈已用廿四，孙辈将用廿三矣。闻者绝倒。余心惊之，盖因俗有官三民四，乌龟廿五之说也。

《杂著》《笔谈》各二卷，总名《皆大欢喜》，道光元年刊行，盖与顾铁卿之《清嘉录》差不多正是同时代也。

送灶所供食物，据记录似均系糖果素食，越中则用特鸡，虽然八月初三灶司生日以蔬食作供，又每月朔望设祭亦多不用荤，不知于祖饯时何以如此盛设，岂亦是不好少说之意耶。祭毕，仆人摘取鸡舌，并马料豆同撒厨屋之上，谓来年可无口舌。顾张思《土风录》卷一"祀灶"下引《白虎通》云,"祭灶以鸡"。又东坡《纵笔》云,"明日东家应祭灶,只鸡斗酒定燔吾",似古时用鸡极为普通。又范石湖《祭灶》云,"猪头烂肉双鱼鲜",则更益丰盛矣。灶君像多用木刻墨印,五彩着色,大家则用红纸销金,如《新午杂咏》注所云者,灶君之外尚列多人,盖其眷属也。《通俗编》引《五经通义》谓灶神姓苏,名吉利,或云姓张,名单,字子郭,其妇姓王,名搏颊,字卿忌。《酉阳杂俎》谓神名隗,一字壤子,有六女,皆名察洽。此种调查不知从何处得来,但姑妄听之,亦尚有趣,若必信其姓张而不姓苏,大有与之联宗之意,则未免近于村学究,自可不必耳。

关于灶的形式,最早的自然只有明器可考,如罗氏《明器图录》,滨田氏《古明器图说》所载,都是汉代的作品,大抵是长方形,上有二釜,一头生火,对面出烟,看这情形似乎别无可以供奉灶君的地方。现今在北京所看见的灶虽多是一两面靠墙,可是也无神座,至多墙上可以贴神马,罗列祭具的地位却还是没有。越中的灶较为复杂,恰好在汪辉祖《善俗书》中有一节说的很得要领,可以借抄。这是汪氏任湖南宁远知县时所作,其第四十二则曰用鼎锅不如设灶,有小引云,宁俗家不设灶,一切饮食皆悬鼎锅以炊,饭熟另鼎煮菜,兄弟多者娶妇则授以鼎锅,听其别炊。文中劝人废鼎用灶,记造灶之法云:

余家於越,炊爨以柴以草,宁远亦然,是越灶之法宁邑可通也。越中居人皆有灶舍,其灶约高二尺五六寸,宽二尺余,长六尺八尺不等。灶面着墙处,墙中留一小孔,以泄洗碗洗灶之水。设灶口三,安锅三口,小锅径宽一尺四寸,中锅径宽一尺六寸或一尺八寸,大锅径宽二尺或二尺二寸。于两锅相隔处旁留一孔,安砂锅一曰"汤罐",三锅灶可安两汤罐,中人之家大概只用两锅灶。尺四之锅容米三升,如止食十余人,则尺六八一锅已足。锅用木盖,约高二尺,上狭下广。入米于锅,米上余水二三指,水干则饭熟矣。以薄竹编架,横置水面,肉汤菜饮之类,皆可蒸于架上,一架不足,则碗上再添一架,下架蒸生物,上架温熟物,饭熟之后稍延片时,揭盖则生者熟,熟者温,饭与菜俱可吃,而汤罐之水可供洗涤之用,便莫甚焉。锅之外置石板一条,上砌砖块,曰"灶梁",约高二尺余,宽一尺余,着墙处可奉灶神,余置碗盘等物。梁下为灶门,灶门之外拦以石条,曰"灰床",饭熟则出灰于床,将满则迁之他处。灶神之后墙上盘砖为突,高于屋檐尺许,虚其中以出烟,曰"烟囱",囱之半留一砖,可以启闭,积烟成煤,则启砖而扫去之,以防火患,法亦慎密。

这里说奉灶神处似可稍为补充,云靠墙为烟突,就烟突与灶梁上边平面成直角处作小舍,为灶王殿,高尺许,削砖为柱,半瓦作屋檐而已。舍前平面约高与人齐,即用作供几,又一段稍低，则置烛台香炉，右侧向锅处中虚，如汪君言可置盘碗，左则石板上悬，引烟入突，下即灰床。李光庭《乡言解颐》卷四"庖厨十事"之一为煤炉，小引云：

乡用柴灶，京用煤灶。煤灶曰"炉台"，柴灶曰"锅台"，距地不及二尺，烹饪者须屈身，故久于厨役有致驼背者，今亦为小高灶，然终不若煤炉之便捷也。

李氏宝坻县人，所言足以代表北方情状，主张鼎烹，与汪氏之大锅饭菜异。大抵二者各有所宜，大灶唯大家庭合用，越中小户单门亦只以风炉扛灶供烹饪，不悉用双眼灶也。

七夕

◎《月曼清游图册》07 桐荫乞巧[1] 清 陈枚

---

[1] "桐荫乞巧",描绘了七月初七京城仕女乞巧的场景。七夕夜,仕女们以碗装水放于庭院,将针投放其中,争相观看水中呈现的图案。图案形状代表投针者手的灵巧程度。投针验巧是明清两代盛行的七夕节俗。

杭堇浦著《订讹类编》卷五"天文讹"中，有"七夕牛女相会不足信"一条，引《学林新编》所论，历举《淮南子》、《荆楚岁时记》、周处《风土记》各说，皆怪诞不足信，子美诗曰，"万古永相望，七夕谁见同"，亦不取世俗说也。杭氏加案云：

案《齐谐记》亦载渡河事，《艺苑雌黄》辨其无此事，亦引杜诗正之。杜公瞻注晋傅玄《拟天问》，亦谓此流俗小说，寻之经史，未有典据。又《岁时记》引纬书云，牵牛娶织女，取天帝二万钱下礼，久不还，被驱在营室，此说更属无稽。

查陈元靓《岁时广记》，七夕一项至占三卷，《学林》《艺苑雌黄》《拟天问》注各条均在，略阅所征引杂书，似七夕之祭以唐宋时为最盛，以后则行事渐微而以传说为主矣。吾乡无七夕之称，只云七月七，是日妇女取木槿叶揉汁洗发，儿童汲井水置露天，次日投针水面，映日视其影以为占卜，曰"丢巧针"。市上卖巧果，为寻常茶食之一，《越谚》卷中云：

七夕油炸粉果，样巧味脆，即乞巧遗意。

此种传说，如以理智批判，多有说诳分子，学者凭唯理主义加以辨正，古今中外常有之，惟若以诗论，则亦自有其佳

趣。谭仲修《复堂日记补录》,同治二年七月下云:

初七日晚内子陈瓜果以祀天孙,千古有此一种传闻旧说,亦复佳耳。

此意甚好,其实不信牛女相会实有其事,原与堇浦诸公一样,但他不过于认真,即是能把诗与真分别得清,故知七夕传说之趣味,若或牵涉现实而又能祸世,即同一类型的故事如河伯娶妇,谭君亦必不能忍耐矣。

关于扫墓

清明将到了,各处人民都将举行扫墓的仪式。中国社会向来是家族本位的,因此又自然是精灵崇拜的,对于墓祭这件事便看得十分重要。明末张岱著《梦忆》卷一有越俗扫墓一则云:

越俗扫墓,男女袨服靓妆,画船箫鼓,如杭州人游湖,厚人薄鬼,率以为常。二十年前,中人之家尚用平水屋帻船,男女分两截坐,不座船,不鼓吹。先辈谑之曰:"以结上文两节之意。"后渐华靡,虽监门小户,男女必用两座船,必巾,必鼓吹,必欢呼畅饮。下午必就其路之所近,游庵堂寺院及士大夫家花园,鼓吹近城,必吹《海东青》《独行千里》,锣鼓错杂。酒徒沾醉必岸帻嚣嚷,唱无字曲,或舟中攘臂与侪列厮打。自二月朔至夏至,填城溢国,日日如之。乙酉,方兵画江而守,虽鱼舣菱舠收拾略尽,坟垄数十里而遥,子孙数人挑鱼肉楮钱徒步往返之,妇女不得出城者三岁矣。萧索凄凉,亦物极必反之一。

○ 清明祭扫

清嘉庆时顾禄著《清嘉录》十二卷，其三月之卷中有纪上坟者云：

士庶并出祭祖先坟墓，谓之上坟，间有婿拜外父母墓者。以清明前一日至立夏日止，道远则泛舟具馔以往，近则提壶担盒而出。挑新土，烧楮钱，祭山神，奠坟邻，皆向来之旧俗也。凡新娶妇必挈以同行，谓之上花坟。新葬者又皆在社前祭扫，谚云，新坟不过社。

苏浙风俗本多相同，所以二书所说几乎一致，但是在同一地方却也不是全无差异，盖乡风之下又有不同的家风，如故乡东陶坊中西邻栋姓，上坟仪注极为繁重，自洗脸献茶烟以至三献，费半天的工夫，而东边桥头考姓又极简单，据说只一人坐脚桨船至坟前焚香楮而回，自己则从袖中出"洞里火烧"数个当饭吃而已。明刘侗著《帝京景物略》卷二春场中云：

三月清明日男女扫墓，担提尊榼，轿马后挂楮锭，粲粲然满道也。拜者，酹者，哭者，为墓除草添土者，焚楮锭次，以纸钱置坟头，望中无纸钱则孤坟矣。哭罢，不归也，趋芳树，择园圃，列坐尽醉，有歌者。哭笑无端，哀往而乐回也。

清富察敦崇著《燕京岁时记》云：

清明即寒食，又曰禁烟节，古人最重之，今人不为节，但儿童戴柳，祭扫坟茔而已。世族之祭扫者，于祭品之外以五色纸钱制成幡盖，陈于墓左，祭毕子孙亲执于墓门之外而焚之，谓之佛多，民间无用者。

以上两则都是说北京的事，可是与苏浙相比又觉得相去不远，所不同者只是没有画船箫鼓罢了。上坟的风俗固然含有伦理的意义,有人很是赞成,就是当作诗画的材料也是颇好的,不过这似乎有点不能长保,是很可惜的事。盖扫墓非土著不可,如《景物略》记清明云,"是日簪柳,游高梁桥,曰踏青,多四方客未归者,祭扫日感念出游。"客只能踏青而已,何益于事哉。而近来人民以职业等等关系去其家乡者日益众多,归里扫墓之事很不容易了,欲四方客未归者上坟是犹劝饥民食肉糜也。至于民族扫墓之说,于今二年,鄙人则不大赞同,此事不很好说,但老友张溥泉君久在西北,当能知鄙意耳。

两种祭规

案头放着两部书,草草一看似乎是很无聊的东西,但是我却觉得很有意思,翻阅了几回之后,决心来写一篇小文,作为介绍。这是两种祭规。其一,萧山汪氏的《大宗祠祭规》,嘉庆七年(1802)刊,为汪辉祖所订定,有序文。其二,山阴平氏的《瀫祭值年祭簿》,约在光绪十六年(1890),为平步青所订定,手写稿本。祭规本来只是宗祠或房派的祭祀规则,想来多是呆板单调的,没有什么可看,但是祭祀是民俗之一重要部分,这祭规正也是其中的一种重要资料,况且汪平二氏都是绍兴大家,又经过两位名人的手定,其文献上的价值自然更是确实无疑的了。

在宗祠或房派之祭祀,除夕与元旦都是同样重要,平常轮值交代大抵在冬至之后,新值年房份便从年末的祭祀办理起头。现在便从汪氏《大宗祠祭规》中值祭条款,将除夕元旦两项抄录于下:

除夕：三日前值祭家至祠，洒扫拂尘，堂室神道等处整理牌位，务使洁净。除夕下午设案菜一桌，内用特杀鸡，共十二味，酒饭杯箸十二副，中座及左右两边并祔祀所各用宵烛一对，大纸一块，足锭三百，爆竹十枚。值祭五房俱至礼拜。

元旦：中座用半通烛一对，线香一股，两边及祔祀所各用门宵一对，线香三枝，以后早晚俱用二枝，至初五日晚止。

平氏《祭簿》所记如下：

除夕悬像。像前用高香，大门宵烛一对，二两，横溪纸一块，即顶长，大库锭四百个，供菜十大碗，八荤两素，内用特鸡，酒四杯，胡太君茹素，供开水一杯，饭五碗，筷五副，莲子高茶五盅，供果五寸盘五盘，年糕，粽子，水果三色，攒盒一个，供至新正初五日收。各房子孙随到随拜，值年房备茶，不散胙。

元旦像前供汤圆五碗，早晚点香烛，至初五日止。黎明至宗祠，备二两烛一对同点。

这里或者要稍加说明，上文所云宵烛门宵即是二两烛，半通即八两烛，一斤者名斤通，意谓可点通夜，故宵烛或者亦指时间，谓可点至定更也。黄纸相对互切，抖之则拖垂如索，与银锭同焚，俗云以作钱串，名曰烧纸，大块狭长者名横溪，本是造纸地名，大纸亦即指此。煮莲子加糖，名莲子茶，以供宾客，若供祖则用高茶，剪圆纸板上糊红纸，以浆糊粘生莲子成圈，数枚叠置，以次渐小，成圆锥形，装茶盅上，高可三寸，故名，或以生莲子散置盅内，则名懒惰茶，不常用，嫌不敬也。

家祭重二至，祠祭则重二分。《大宗祠祭规》中关于二分祭日所记甚详，今节录之：

大宗祠于二分之祭最重。祭先五日，写帖数张，粘示通衢数处，知会统族。祭日黎明鸣锣邀集，至再至三，迟者听其自误，与祭不到，不准饮酒。

大厅中堂祭品祭器式：汤猪全体，蒸羊二腔，熟鹅二只，肥鸡二只，鲜鱼二尾，馒首二盘，秋分加月饼一盘，减馒首一盘，五事全副，供花一对，桌围三张，面架一座，手巾一条，铜盆三面，水果五碗，高尺三，半通一对，黄香一两，方桌二张，半桌二张，蒲墩拜垫。

神座前祭筵式：水果五碗，高一尺，案菜两桌，陈酒两壶，宵烛一对，大纸两块，足锭一千，祭文一通，三献每三，酒羹饭，汤饭杯箸廿四副。

饮福式：每桌十味，五人合席，各人给馒首二枚。猪羊等肉俱照分量，以熟为度。酒用真陈，司酒者当堂开坛，每桌先给酒签两支，酒有定提，每壶两提，不得增减，违者公同议罚。猪肉熟一斤，白切。羊肉熟十两，拌杂。藕，肠肝，装鹅熟八两，鲜鱼生一斤，羊杂，装鸡六两，芽豆，血汤。

案祭桌用香炉一，烛台二，插供花之瓶二，通称五事，如无花瓶则称三事，多以锡为之，间有用古铜者。水果高尺三或一尺者曰高果，与高茶相似，大抵用竹签穿金橘荸荠等，数本直立，插黄土墩上，置特制锡碗中，但以饰观瞻，不中吃也。饮酒每席五人，桌一面悬桌帏，对面一座，由房份长老分占之，上下四座则后辈杂坐矣。

春秋分日祠祭照例有祭文，汪氏《祭规》所记秋祭祝文较为简明，录之以为一例。文曰：

维年月日，主祭裔孙某率各支大小等，谨以刚鬣柔毛，清酌时馐之仪，致祭于始祖考云云，以暨阖堂先灵之神座前曰，祭以时举，孝思是将。懿惟祖德，源远流长，十世百世，勿怨勿忘。幽歌其获，早稼登场，我稻可荐，我酒可觞。敬修祀事，济济跄跄，我祖顾之，庶几乐康，式饮式食，降福穰穰。尚飨。

平氏《祭簿》不曾记有冬夏二至祭祀成式，惟诞讳祭祀时却用祝文，今录其一：

维年月日，孝宗孙某等，谨以清酌庶羞之奠，致祭于几世祖考某某府君之神位前曰，呜呼，岁序流易，诞日复临，追远感时，不胜永慕。薄具牲醴，用申奠献，谨奉几世祖妣某太君配享。尚飨。

簿中所记诞讳日期共有十六，祭文则只此一篇，唯改换人名及诞讳字样而已。诞讳祭祀俗称作"忌日"，用祝文者似不多见，而用法简便，亦复特别，岁序流易等四句朴实可喜，文词简易而意思充足，非凡手所能作，或出于平景孙之手乎。

《祭簿》中记录最详的是清明扫墓成规，原有娄公、花径、璜山三处，大同小异，今录娄公一篇，取其最完备也。

座船两只（小注云，向例岁内冬至宗祠内汇齐，写定船票，清明前后为期，每只约船钱银三钱几分不等，临时给船米七升五合，酒十五钓，鱼二尾，鸡蛋二个，折午饭九四钱百文，点心等俱无。后改一切俱包，回城上岸时每只给掸舱酒一升壶。），今改大三棹船一只，酒饭船一只，厨子船一只，吹手船一只，吹手四名。

祀后土神祭品，肉一方，刀盐一盘，腐一盘，太锭一副，烧纸一块，上香，门宵烛一对，酒一壶，祝文。

墓前供菜十大碗，八荤两素，内用特鸡。三牲一副，鹅、鱼、肉。水果三色，百子小首一盘，坟饼一盘，汤饭杯筷均六副。上香，门宵烛一对，横溪纸一块，大库锭六百足，祝文。酒一壶，献杯三只。

在船子孙每房二人。值年房备茶，半路各给双料荤首两个，白糖双酥烧饼两个，粉汤一碗，近改用面。散胙六桌，八荤两素，自同治三年起减为两桌。每桌酒几壶不等，酱油醋各二碟，小桌二桌，三炉十碗。吹手水手半路各给小首二个，烧饼两个，粉汤一碗，近年止改用面一中碗。管坟人给九四钱二百文，酒一升壶。

案酒十五钓即是十五提，普通只写作"吊"。九四钱以九十四文作一百，当时无足陌钱，至多亦止九八而已。三棹今通称"三道船"，亦称"三明瓦"，谓有蛎壳窗三重也。百子小首者小馒首之略，坟饼当是上坟烧饼，双酥烧饼每个二文，此则或是一文两个也。三炉碗系家常用菜碗，较大者名"二炉碗"，或称"斗魁"，更大则是海碗矣。

扫墓照例有祝文，《祭簿》亦载有成式，三处均是同文，今录其一于下。祝后土祝文云：

维年月日，信士平某敢昭告于某地后土尊神之位前曰，惟神正直聪明，职司此土。今某等躬修岁事于几世祖考某某府君几世祖妣某氏太君之墓，惟时保佑，实赖神庥，敢以牲醴，用申虔告。尚飨。

墓前祝文云：

维年月日，孝宗孙某等，谨以清酌庶羞之奠，致祭于几世祖考某某府君几世祖妣某氏太君之墓前曰，呜呼，岁序流易，节届清明，瞻拜封茔，不胜永慕。薄具牲醴，用申奠献。尚飨。

这两篇文章也都简要得体，祭墓祝文更与忌日所用者相同，尤有意思。大抵祭祀原是仪式，必须庄重，因此仪文言动也有一定规律，乃得见其严肃，这祝文程式的一致，我想即其一端。有些人家用扫墓祝文不是一样，多就各地发挥做去，文词绚烂，声调响朗，容易失却庄严之致，反不合式。因平氏祝文而想到，觉得简单庄重实为祭祀之要点，繁文缛节，仆仆亟拜，均非所宜也。

上述祭规中未记拜法，盖因人人皆知也，惟各处风俗亦不尽同，今就所知补记于此。平常祭祖先，家长上香后以次四跪四拜，拜毕焚纸钱，再各一跪四拜，家长奠酒，一揖，灭烛，再一揖，撤香礼毕。祠墓祭行三献，人多不能参与陪祭者，于献后分排行礼，四跪四拜毕即继以一跪四拜，中间不再间断。此种拜法不知始于何时，唯通行颇广，所谓拜者乃是叩首兼揖，其一跪三叩首则俗称为"官拜"，唯吊丧时用之。妇女只用肃拜，合两袖当胸，上下数四，跪而伏拜，起立又拜而退，俗语称妇女拜曰时越切，亦须以乡音切之，国语无此音，疑其本字亦只是肃耳。范啸风著《越谚》三卷，为破天荒之书，唯关于祭祀名物亦多缺略，上文所注多记忆所及，述其大概，未能详备。吾家旧有祭簿，悉留越中族人处，未得查考，七世致公祭祭规为曾叔祖一斋公所订，具有条理，大旨与平氏相似，唯记得簿中记有忌日酒菜单，大可备考，今不得见，甚可惜也。

鬼的传说

忘川河畔，鬼魂盈盈。

谈鬼论

三年前我偶然写了两首打油诗，有一联云，街头终日听谈鬼，窗下通年学画蛇。有些老实的朋友见之哗然，以为此刻现在不去奉令喝道，却来谈鬼的故事，岂非没落之尤乎。这话说的似乎也有几分道理，可是也不能算对。盖诗原非招供，而敝诗又是打油诗也，滑稽之言，不能用了单纯的头脑去求解释。所谓鬼者焉知不是鬼话，所谓蛇者或者乃是蛇足，都可以讲得过去，若一一如字直说，那么真是一天十二小时站在十字街头听《聊斋》，一年三百六十五日坐在南窗下临《十七帖》，这种解释难免为姚首源所评为痴叔矣。据《东坡事类》卷十三神鬼类引《癸辛杂识》序云：

坡翁喜客谈，其不能者强之说鬼，或辞无有，则曰，姑妄言之。闻者绝倒。

说者以为东坡晚年厌闻时事，强人说鬼，以鬼自晦者也。

◎《东坡事类》

东坡的这件故事很有意思,是否以鬼自晦,觉得也颇难说,但是我并无此意则是自己最为清楚的。虽然打油诗的话未必即是东坡客之所说,虽然我亦未必如东坡之厌闻时事,但假如问是不是究竟喜欢听人说鬼呢,那么我答应说,是的。人家如要骂我应该从现在骂起,因为我是明白地说出了,以前关于打油诗的话乃是真的或假的看不懂诗句之故也。

话虽如此，其实我是与鬼不大有什么情分的。辽阳刘青园著《常谈》卷一中有一则云：

鬼神奇迹不止匹夫匹妇言之凿凿，士绅亦尝及之。惟余风尘斯世未能一见，殊不可解。或因才不足以为恶，故无鬼物侵陵，德不足以为善，亦无神灵呵护。平庸坦率，无所短长，眼界固宜如此。

金溪李登斋著《常谈丛录》卷六有"性不见鬼"一则云：

予生平未尝见鬼形，亦未尝闻鬼声，殆气禀不近于阴耶。记少时偕族人某宿鹅塘杨甥家祠堂内，两室相对，晨起某蹙然曰，昨夜鬼叫呜呜不已，声长而亮，甚可畏。予谓是夜行者戏作呼啸耳，某曰，略不似人声，乌有寒夜更深奔走正苦而欢娱如是者，必鬼也。予终不信。越数日予甥杨集益秀才夫妇皆以暴病相继殁，是某所闻者果为世所传勾摄之走无常耶。然予与同堂隔室宿，殊不闻也。郡城内广寿寺前左有大宅，李玉渔庶子传熊故居也，相传其中多鬼，予尝馆寓于此，绝无所闻见。一日李拔生太学偕客来同宿东房，晨起言夜闻鬼叫如鸭，声在壁后呀呷不已，客亦谓中夜拔生以足蹴使醒，听之果有声，拥被起坐，静察之，非虫非鸟，确是鬼鸣。然予亦与之同堂隔室宿，竟寂然不闻，询诸生徒六七人，悉无闻者，用是亦不深信。拔生因述往岁曾以讼事寓此者半年，每至交夜则后堂啼叫声，或如人行步声，器物门壁震响声，无夕不有，甚或若狂恣猖披几难言状。然予居此两载，迄无闻见，且连年夏中俱病甚，恒不安寐，宵深每强出卧堂中炕座上，视广庭月色将尽升檐际，乃复归室，其时旁无一人，亦竟毫无影响。诸小说家所称鬼物虽同地同时而闻见各异者甚多，岂不有所以异者耶。若予之强顽，或鬼亦不欲与相接于耳目耶。不近阴之说尚未必其的然也。

李书有道光二十八年（1848）序，刘书记有道光十八年（1838）事，盖时代相同，书名又均称常谈，其不见鬼的性格也相似，可谓巧合。予生也晚，晚于刘李二君总将一百年吧，而秉性愚拙，不能活见鬼，因得附骥尾而成鼎足，殊为光荣之至。小时候读《聊斋》等志异书，特别是《夜谈随录》的影响最大，后来脑子里永远留下了一块恐怖的黑影，但是我是相信神灭论的，也没有领教过鬼的尊容或其玉音，所以鬼之于我可以说是完全无缘的了。——听说十王殿上有一块匾，文曰，"你也来了！"这个我想是对那怙恶不悛的人说的。纪晓岚著《滦阳消夏录》卷四有一条云：

边随园征君言，有入冥者，见一老儒立庑下，意甚惶遽。一冥吏似是其故人，揖与寒温毕，拱手对之笑曰，先生平日

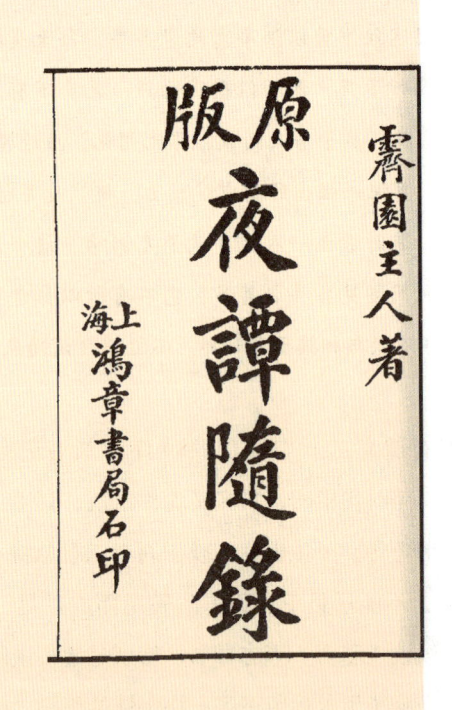

○ 原版《夜谭随录》

持无鬼论，不知先生今日果是何物。诸鬼皆粲然，老儒猬缩而已。

《阅微草堂笔记》多设词嘲笑老儒或道学家，颇多快意，此亦其一例，唯因不喜程朱而并恶无鬼论原是讲不通，于不佞自更无关系,盖不佞非老儒之比,即是死后也总不会变鬼者也。

这样说来,我之与鬼没有什么情分是很显然的了,那么大可干脆分手了事。不过情分虽然没有,兴趣却是有的,所以不信鬼而仍无妨喜说鬼,我觉得这不是不合理的事。我对于鬼的故事有两种立场不同的爱好。一是文艺的,一是历史的。关于第一点,我所要求的是一篇好故事,意思并不要十分新奇,结构也无须怎么复杂,可是文章要写得好,简洁而有力。其内容本来并不以鬼为限,自宇宙以至苍蝇都可以,而鬼自然也就是其中之一。其体裁是,我觉得志怪比传奇为佳,举个例来说,与其取《聊斋志异》的长篇还不如《阅微草堂笔记》的小文,只可惜这里也绝少可以中选的文章,因为里边如有了世道人心的用意,在我便当作是值得红勒帛的一个大瑕疵了。四十年前读段柯古的《酉阳杂俎》,心甚喜之,至今不变,段君诚不愧为三十六之一,所写散文多可读。《诺皋记》卷中有一则云:

> 临川郡南城县令戴詧初买宅于馆娃坊,暇日与弟闲坐厅中,忽听妇人聚笑声或近或远,詧颇异之。笑声渐近,忽见妇人数十散在厅前,倏忽不见,如是累日,詧不知所为。厅阶前枯梨树大合抱,意其为祥,因伐之。根下有石露如块,掘之转阔,势如鳖形,乃火上沃醯,凿深五六尺不透。忽见妇人绕坑抵掌大笑,有顷共牵詧入坑,投于石上。一家惊惧之际,妇人

复还大笑。訾亦随出。訾才出，又失其弟，家人恸哭，訾独不哭曰，他亦甚快活，何用哭也。訾至死不肯言其情状。

此外如举人孟不疑，独孤叔牙，虞侯景乙，宣平坊卖油人各条，亦均有意趣。盖古人志怪即以此为目的，后人则以此为手段，优劣之分即见于此，虽文词美富，叙述曲折，勉为时世小说面目，亦无益也。其实宗旨信仰在古人似亦无碍于事，如佛经中不乏可喜的故事短文，近读梁宝唱和尚所编《经律异相》五十卷，常作是想，后之作者气度浅陋，便难追及，只缘面目可憎，以致语言亦复无味，不然单以文字论则此辈士大夫岂不绰绰然有余裕哉。

第二所谓历史的，再明了地说即是民俗学上的兴味。关于这一点我曾经说及几次，如在《河水鬼》《鬼的生长》《说鬼》诸文中，都讲过一点儿。《鬼的生长》中云：

我不信鬼，而喜欢知道鬼的事情，此是一大矛盾也。虽然，我不信人死为鬼，却相信鬼后有人，我不懂什么是二气之良能，但鬼为生人喜惧愿望之投影则当不谬也。陶公千古旷达人，其《归园田居》云，"人生似幻化，终当归空无"。《神释》云，"应尽便须尽，无复更多虑"。在《拟挽歌辞》中则云，"欲语口无音，欲视眼无光，昔在高堂寝，今宿荒草乡"。陶公于生死岂尚有迷恋，其如此说于文词上固亦大有情致，但以生前的感觉推想死后况味，正亦人情之常，出于自然者也。常人更执着于生存，对于自己及所亲之翳然而灭，不能信亦不愿信其灭也，故种种设想，以为必继续存在，其存在之状况则因人民地方以至各自的好恶而稍稍殊异，无所作为而自然流露，我们听人说鬼实即等于听其谈心矣。（一九三四年四月）

这是因读《望杏楼志痛编补》而写的，故就所亲立论，原始的鬼的思想之起源当然不全如此，盖由于恐怖者多而情意为少也。又在《说鬼》（一九三五年十一月）中云：

我们喜欢知道鬼的情状与生活，从文献、从风俗上各方面去搜求，为的可以了解一点平常不易知道的人情，换句话说就是为了鬼里边的人。反过来说，则人间的鬼怪伎俩也值得注意，为的可以认识人里边的鬼吧。我的打油诗云，"街头终日听谈鬼"，大为志士所诃，我却总是不管，觉得那鬼是怪有趣的物事，舍不得不谈，不过诗中所谈的是哪一种，现在且不必说。至于上边所讲的显然是老牌的鬼，其研究属于民俗学的范围，不是讲玩笑的事，我想假如有人决心去作"死后的生活"的研究，实是学术界上破天荒的工作，很值得称赞的。英国弗来则博士（J.G. Frazer）有一部大书专述各民族对于死者之恐怖，现在如只以中国为限，却将鬼的生活详细地写出，虽然是极浩繁困难的工作，值得当博士学位的论文，但亦极有趣味与实益，盖此等处反可以见中国民族的真心实意，比空口叫喊固有道德如何地好还要可凭信也。

照这样去看，那么凡一切关于鬼的无不是好资料，即上边被骂为面目可憎语言无味的那些亦都在内，别无好处可取，而说者的心思毕露，所谓如见其肺肝然也。此事当然需要专门的整理，我们外行人随喜涉猎，略就小事项少材料加以参证，稍见异同，亦是有意思的事。如眼能见鬼者所说，俞少轩的《高辛砚斋杂著》第五则云：

黄铁如者名楷，能文，善视鬼，并知鬼事。据云，每至人家，见其鬼香灰色则平安无事，如有将落之家，则鬼多淡黄色。又云，鬼长不过二尺余，如鬼能修善则日长，可与人等，或为淫厉，渐短渐灭，至有仅存二眼旋转地上者。亦奇矣。

王小谷的《重论文斋笔录》卷二中有数则云：

曾记族朴存兄淳言，（兄眼能见鬼，凡黑夜往来俱不用灯。）凡鬼皆依附墙壁而行，不能破空，疫鬼亦然，每遇墙壁必如蚓却行而后能入。常鬼如一团黑气，不辨面目，其有面目而能破空者则是厉鬼，须急避之。

兄又言，鬼最畏风，遇风则牢握草木蹲伏不敢动。

兄又云，《左传》言故鬼小新鬼大，其说确不可易，至溺死之鬼则新小而故大，其鬼亦能登岸，逼视之如烟云消灭者，此新鬼也。故鬼形如槁木，见人则跃入水中，水有声而不散，故无圆晕。

纪晓岚的《滦阳消夏录》卷二云：

扬州罗两峰目能视鬼，曰凡有人处皆有鬼。其横亡厉鬼多年沉滞者率在幽房空宅中，是不可近，近则为害。其憧憧往来之鬼，午前阳盛多在墙阴，午后阴盛则四散游行，可穿壁而过，不由门户，遇人则避路，畏阳气也，是随处有之，不为害。又曰，鬼所聚集恒在人烟密簇处，僻地旷野所见殊希。喜围绕厨灶，似欲近食气，又喜入溷厕，则莫明其故，或取人迹罕到耶。

罗两峰是袁子才的门人，想随园著作中必有说及其能见鬼事，今不及翻检，但就上文所引也可见一斑了。其所说有异同处最是好玩，盖说者大抵是读书人，所依据的与其说是所见，无宁是其所信。这就是一种理，因为鬼总是阴气，所以甲派如王朴存说鬼每遇墙壁必如蚓却行而后能入，盖以其为阴，而乙派如罗两峰则云鬼可穿壁而过，殆以其为气也。其相同之点转觉无甚意思，殆因说理一致，或出于因袭，亦未可知。如纪晓岚的《如是我闻》卷三记柯禺峰遇鬼事，有云：

丙申日病者其鬼姓贺，形如猿猴起坐颠狂，令人恍惚不安，鬼在南墙孔内坐，怕人寻见，塞孔大吉。

《法病书·选全图注》中关于中国鬼怪的记载1

睡至夜半，闻东室有声如鸭鸣，怪而谛视。时明月满窗，见黑烟一道从东室门隙出，着地而行，长丈余，蜿蜒如巨蟒，其首乃一女子，鬤鬞俨然，昂首仰视，盘旋地上，作鸭鸣不止。

又《槐西杂志》卷四记一奴子妇为狐所媚，每来必换形，岁余无一重复者，末云：

其尤怪者，妇小姑偶入其室，突遇狐出，一跃即逝。小姑所见是方巾道袍人，白须鬖鬖，妇所见则黳黑垢腻一卖煤人耳。同时异状，更不可思议。

此两节与《常谈丛录》所说李拔生夜闻鬼叫如鸭，又鬼物同时同地而闻见各异语均相合，则恐是雷同，当是说鬼的传统之一点滴，但在研究者却殊有价值耳。罗两峰所画《鬼趣图》很有名，近年有正书局有复印本，得以一见，乃所见不逮所闻远甚。图才八幅，而名人题咏有八十通，可谓巨观，其实图也不过是普通的文人画罢了，较《玉历钞传》稍少匠气，其鬼味与谐趣盖犹不及吾乡的大戏与目连戏，倘说此是目击者的描写，则鬼世界之繁华不及人间多多矣。——这回《论语》社发刊鬼的故事专号，不远千里征文及于不佞，重违尊命，勉写小文，略述谈鬼的浅见，重读一过，缺乏鬼味谐趣，比罗君尤甚，既无补于鬼学，亦不足以充鬼话，而犹妄评昔贤，岂不将为九泉之下所抵掌大笑耶。

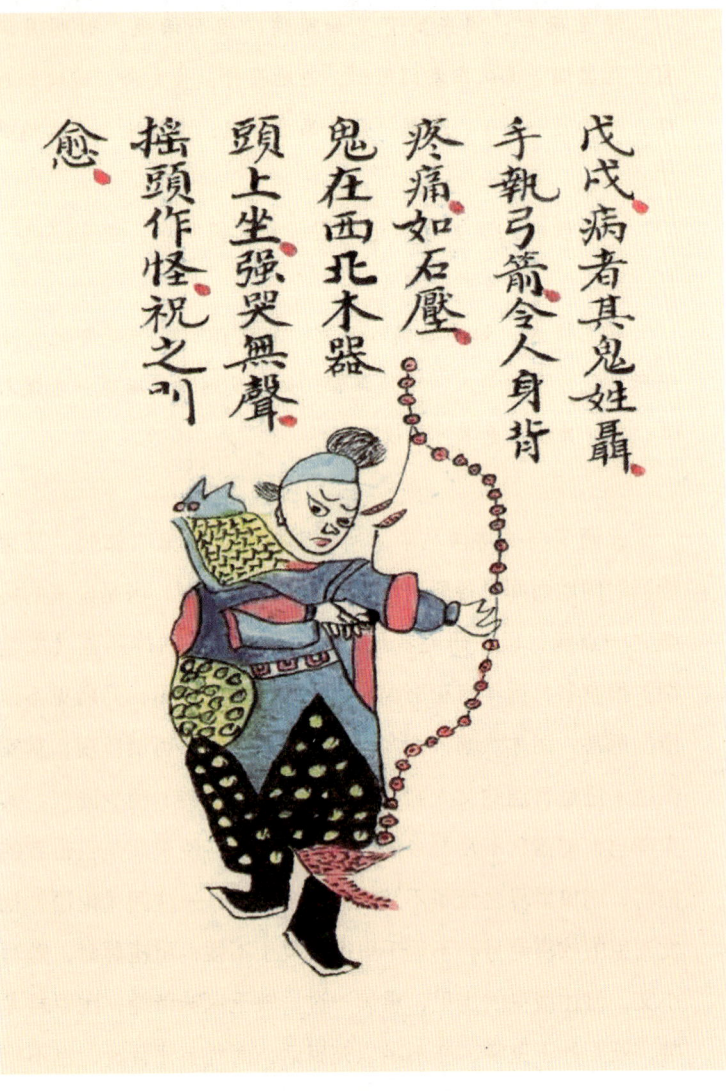

戌戌病者其鬼姓聶，手執弓箭令人身背疼痛如石壓。鬼在西北木器頭上坐，強哭無聲，搖頭作怪祝之即愈。

○《法病书·选全图注》中关于中国鬼怪的记载2

水里的东西

我是在水乡生长的,所以对于水未免有点情分。学者们说,人类曾经做过水族,小儿喜欢弄水,便是这个缘故。我的原因大约没有这样远,恐怕这只是一种习惯罢了。

水,有什么可爱呢?这件事是说来话长,而且我也有点儿说不上来。我现在所想说的单是水里的东西。水里有鱼虾、螺蚌、茭白、菱角,都是值得记忆的,只是没有这些工夫来一一记录下来,经了好几天的考虑,决心将动植物暂且除外。——那么,是不是想来谈水底里的矿物类么?不,决不。我所想说的,连我自己也不明白它是哪一类,也不知道它究竟是死的还是活的,它是这么一种奇怪的东西。

我们乡间称它作Ghosychiü,写出字来就是"河水鬼"。它是溺死的人的鬼魂。既然是五伤之一,——五伤大约是水、火、刀、绳、毒吧,但我记得又有虎伤似乎在内,有点弄不清楚了,总之水死是其一,这是无可疑的,所以它照例应"讨替代"。听说吊死鬼时常骗人从圆窗伸出头去,看外面的美景(还是美人?),倘若这人该死,头一伸时可就上了当,再也缩不回来了。河水鬼的法门也就差不多是这一类,它每幻化为种种物件,浮在岸边,人如伸手想去捞取,便会被拉下去,虽然看来似乎是他自己钻下去的。假如吊死鬼是以色迷,那么河水鬼可以说是以利诱了。它平常喜欢变什么东西,我没有打听清楚,我所记得的只是说变"花棒槌"。这是一种坑具,我在儿时听见所以特别留意,至于所以变这玩具的用意,或者是专以引诱小儿亦未可知。但有时候它也用武力,往往有乡人游泳,忽然沉了下去,这些人都是像虾蟆一样地"识水"的,论理决不会失足,所以这显然是河水鬼的勾当,只有外道才相信是由于什么脚筋拘挛或心脏麻痹之故。

照例,死于非命的应该超度,大约总是念经拜忏之类,最好自然是"翻九楼",不过翻的人如不高妙,从七七四十九张桌子上跌了下来的时候,那便别样的死于非命,又非另行超度不可了。翻九楼或拜忏之后,鬼魂理应已经得度,不必再讨替代了,但为防万一危险计,在出事地点再立一石幢,上面刻"南无阿弥陀佛"六字,或者也有刻别的文句的吧,我却记不起来了。在乡下走路,突然遇见这样的石幢,不是一件很愉快的事,特别是在傍晚,独自走到渡头,正要下四方的渡船亲自拉船索渡过去的时候。

话虽如此,此时也只是毛骨略略有点耸然,对于河水鬼却压根儿没有什么怕,而且还简直有点儿可以说是亲近之感。水乡的住民对于别的死或者一样地怕,但是淹死似乎是例外,实在怕也怕不得许多，俗语云，"瓦罐不离井上破，将军难免阵前亡"，如住水乡而怕水，那么只好搬到山上去，虽然那里又有别的东西等着，老虎，马熊。我在大风暴中渡过几回大树港，坐在二尺宽的小船内在白鹅似的浪上乱滚，转眼就可以沉到底去，可是像烈士那样从容地坐着，实在觉得比人元帅时代在北京还要不感到恐怖。还有一层，河水鬼的样子也很有点爱娇。普通的鬼保存它死时的形状，譬如虎伤鬼之一定大声喊阿唷，被杀者之必用一只手提了它自己的六斤四两的头之类，唯独河水鬼则不然，无论老的小的村的俊的，一掉到水里去就都变成一个样子，据说是身体矮小，很像是一个小孩子，平常三五成群，在岸上柳树下"顿铜钱"，正如街头的野孩子一样，一被惊动便跳下水去，有如一群青蛙，只有这个不同，青蛙跳时"不东"的有水响，有波纹，它们没有。为什么老年的河水鬼也喜欢摊钱之戏呢？这个，乡下懂事的老辈没有说明给我听过，我也没有本领自己去找到说明。

我在这里便联想到了在日本的它的同类。在那边称作"河童"，读如Kappa，说是Kawawappa之略，意思即是"川童"二字，仿佛芥川龙之介有过这样名字的一部小说，中国有人译为"河伯"，似乎不大妥贴。这与河水鬼有一个极大的不同，因为河童是一种生物，近于人鱼或海和尚。它与河水鬼相同要拉人下水，但也喜欢拉马，喜欢和人角力。它的形状大概如猿猴，色青黑，手足如鸭掌，头顶下凹如碟子，碟中有水时其力无敌，水涸则软弱无力，顶际有毛发一圈，状如前刘海，日本

己亥日病者其鬼姓武奇名形如大鼈見人即赶令人水瀉腿酸渾身疼痛鬼在油燈上跳只言失配將物去之絞紙人一對燒之即安

◎《法病书·选全图注》中关于中国鬼怪的记载3

儿童有蓄此种发者至今称作河童发云。柳田国男在《山岛民谭集》(1914)中有一篇"河童驹引"的研究，冈田建文的《动物界灵异志》(1927)第三章也是讲河童的，他相信河童是实有的动物，引《幽明录》云，"水媪一名媪童，一名水精，裸形人身，长三五尺，大小不一，眼耳鼻舌唇皆具，头上戴一盆，受水三五升，只得水勇猛，失水则无勇力"，以为就是日本的河童。关于这个问题我们无从考证，但想到河水鬼特别不像别的鬼的形状，却一律地状如小儿，仿佛也另有意义，即使与日本河童的迷信没有什么关系，或者也有水中怪物的分子混在里边，未必纯粹是关于鬼的迷信了吧。

十八世纪的人写文章，末后常加上一个尾巴，说明寓意，现在觉得也有这个必要，所以添写几句在这里。人家要怀疑，即使如何有闲，何至于谈到河水鬼去呢？是的，河水鬼大可不谈，但是河水鬼的信仰以及有这信仰的人却是值得注意的。我们平常只会梦想，所见的或是天堂，或是地狱，但总不大愿意来望一望这凡俗的人世，看这上边有些什么人，是怎么想。社会人类学与民俗学是这一角落的明灯，不过在中国自然还不发达，也还不知道将来会不会发达。我愿意使河水鬼来做个先锋，引起大家对于这方面的调查与研究之兴趣。我想恐怕喜欢顿铜钱的小鬼没有这样力量，我自己又不能做研究考证的文章，便写了这样一篇闲话，要想去抛砖引玉实在有点惭愧。但总之关于这方面是"伫候明教"。

说鬼

近来很想看前人的随笔,大抵以清朝人为主,因为比较容易得到,可是总觉得不能满意。去年在读《洗斋病学草》中的小文里曾这样说:

> 我也想不如看笔记,然而笔记大多数又是正统的,典章、科举、诗话、忠孝节烈、神怪报应,讲来讲去只此几种,有时候翻了二十本书结果仍是一无所得。我不知道何以大家多不喜欢记录关于社会生活自然名物的事,总是念念不忘名教,虽短书小册亦复如是,正如种树卖柑之中亦寄托治道,这岂非古文的流毒直渗进小说杂家里去了么。

话虽如此,这里边自然也有个区别。神怪报应类中,谈报应我最嫌恶,因为它都是寄托治道,非记录亦非文章,只是浅薄的宣传,虽然有一部分迷信的分子也可以作民俗学的资料。志怪述异还要好一点,如《聊斋》那样的创作可作文艺看,若是信以为真地记述奇事，文字又不太陋劣，自然更有可取的地方。日前得到海昌俞氏丛刻的零种，俞霞轩的《蓼莫子杂识》一卷，其子少轩的《高辛砚斋杂著》一卷，看了很有意思，觉得正是一个好例子。

《蓼莫子杂识》是日记体的，记嘉庆廿二年（1817）至廿五年（1820）间两年半的事情，其中叙杭州海宁的景色颇有佳语，如嘉庆廿四年（1819）四月初四日夜由万松岭至净居庵一节云：

> 脱稿，街衢已黑，急挟卷上万松岭，林木阴翳，寒风逼人。交卷出，路昏如翳，地荒凉无买烛所，乘暗行义冢间，蔓草没膝。有人执灯前行，就之不见，忽又在远。虫嘶鸟啾，骨动胆裂。过禹王庙，漆云蔽前，凉雨簌簌洒颈，风吹帽欲落，度雨且甚，惶骇足战战，忽前又有灯火，则双投桥侧酒家也。狂喜入肆，时饥甚，饮酒两盏，杂食腐筋蚕豆，稍饱。出肆行数步，雨如倾，衣履尽湿，不能行，愁甚无策，陡念酒肆当有雨盖，返而假之，主人甚贤，慨然相付，然终无灯。二人相倚行，暗揣道路，到鸳鸯冢边，耳中闻菰蒲瑟瑟声，心知临水，以伞拄地而步，恐坠入湖。忽空山嗷然有声，继以大笑，魂魄骇飞，凝神静听，方知老鸦也。行数步，长人突兀立于前，又大怖，注目细看，始辨是塔，盖至净慈前矣。然雨益急，疾趋入兴善社，幽森凉寂，叩净居庵门，良久雏僧出答。

辛丑日病者其鬼姓杜形如飛鳥
令人夢魂顛倒頭疼口乾
手足無力鬼在病人身
左邊鐵器上
坐棒打三十下
說破則吉

○《法病书·选全图注》中关于中国鬼怪的记载 4

可是《杂识》中写别的事情都不大行,特别是所记那些报应,意思不必说了,即文字亦大劣,不知何也。《高辛砚斋杂著》凡七十八则,几乎全是志异,也当然要谈报应而不多,其记异闻仿佛是完全相信似的,有时没有什么结论,云后亦无他异,便觉得比较地可读,也更朴实地保存民间的俗信。如第一则记某公在东省署课读时夜中所见云:

窗外立一人,面白身火赤,向内嬉笑。忽跃入,径至仆榻,掀其头拔出吸脑有声,脑尽掷去头,复探手攫肠胃,仍跃去。……某术士颇神符箓,闻之曰,此红僵也,幸面尚白,否则震霆不能诛矣。

俗传僵尸有两种,即白僵与红僵是也,此记红僵的情状,实是僵尸考中的好资料。第四则云:

海盐傅某曾游某省,一日独持雨盖行山中,见虎至,急趋入破寺,缘佛厨升梁伏焉。少顷虎衔一人至,置地上,足尚动,虎再拨之,人忽起立自解衣履,仍赤体伏,虎裂食尽摇尾去,傅某得窜遁。后年八十余,粹庵听其自述云。

此原是虎伥的传说,而写得很可怕,中国关于鬼怪的故事中僵尸固然最是凶残,虎伥却最是阴惨,都很值得注意研究。

第五则云：

> 黄铁如者名楷，能文，善视鬼，并知鬼事。据云，每至人家，见其鬼香灰色则平安无事，如有将落之家，则鬼多淡黄色。又云，鬼长不过二尺余，如鬼能修善则日长，可与人等，或为淫厉，渐短渐灭，至有仅存二眼旋转地上者。亦奇矣。

两只眼睛在地上旋转，这可以说是谈鬼的杰作。王小谷著《重论文斋笔录》卷二云：

> 曾记族朴存兄淳言，（兄眼能见鬼，凡黑夜往来俱不用灯）凡鬼皆依附墙壁而行，不能破空，疫鬼亦然，每遇墙壁必如蚓却行而后能入。常鬼如一团黑气，不辨面目，其有面目而能破空者则是厉鬼，须急避之。
>
> 兄又言鬼最畏风，遇风则牢握草木，蹲伏不能动。
>
> 兄又云，《左传》言故鬼小新鬼大，其说确不可易，至溺死之鬼则新小而故大，其鬼亦能登岸，逼视之如烟云消灭者，此新鬼也。故鬼形如槁木，见人则跃入水中，水有声而不散，故无圆晕。

所说虽不尽相同，也是很有意思的话，可以互相发明。我这里说有意思，实在就是有趣味，因为鬼确实是极有趣味也极有意义的东西。我们喜欢知道鬼的情状与生活，从文献从风俗上各方面去搜求，为的可以了解一点平常不易知道的人情，换句话说就是为了鬼里边的人。反过来说，则人间的鬼怪伎俩也值得注意，为的可以认识人里边的鬼吧。我的打油诗云，"街头终日听谈鬼"，大为志士所诃，我却总是不管，觉得那鬼是怪有趣的物事，舍不得不谈，不过诗中所谈的是哪一种，现在且不必说。至于上边所讲的显然是老牌的鬼，其研究属于民俗学的范围，不是讲玩笑的事，我想假如有人决心去作"死后的生活"之研究，实是学术界上破天荒的工作，很值得称赞的。英国弗来则博士有一部书专述各民族对于死者之恐怖，现在如只以中国为限，却将鬼的生活详细地写出，虽然是极浩繁困难的工作，值得当博士学位的论文，但亦极有趣味与实益，盖此等处反可以见中国民族的真心实意，比空口叫喊固有道德如何的好还要可信凭也。刘青园在《常谈》中有云：

信祭祀祖先为报本追远，不信冥中必待人间财物为用。

这是明达的常识，是个人言行的极好指针，唯对于世间却可以再客观一点，为进一解曰，不信冥中必待人间财物为用，但于此可以见人情，所谓慈亲孝子之用心也。自然也有恐怖，特别是对于孤魂厉鬼，此又是"分别予以安置，俾免闲散生事"之意乎。

癸卯日病者其鬼姓劉名禪，遍體血瘡令人肉跳蟲咬，喉渴口乾，鬼在床前，五色錦倒，吊花手巾蓋藏，去之大吉。

◎《法病书·选全图注》中关于中国鬼怪的记载5

读《鬼神论》

偶然买得《钝砚卮言》一册,有小引署道光戊申元和钱绮自识。案张星鉴《仰萧楼文集》中有《怀旧记》,其第二则即记钱君事,云好《左氏传》,著《左札》七卷,又熟明季遗事,著《南明书》三十六卷,复治算学,成《苏城日晷表》一卷,咸丰八年(1858)卒,年六十一。张君出陈硕甫门下,治汉学,其为文以渊雅为宗,昭明是尚,读其遗集,心甚爱好之。《怀旧记》云,所录计十人,皆文章学行有益于余者也。由此推想,钱君亦当非凡人,乃读《卮言》则四分之三均谈天文地理,三十九篇之中所能了解者才有十篇左右,未免失望。其中有《鬼神论》,却很有意思,娓娓千三百言,情理两备,为不可多得之作。如篇首云:

鬼神生于人心,自为不易之论。人心有所敬,则为天地五祀之鬼神;人心有所爱,则为祖考眷属之鬼神;人心有所畏,则为妖异厉恶之鬼神。盖人与物皆秉阴阳二气以生,及其死而魂气归于阳，形魄归于阴，既散者不可复合，何鬼神之有。然人心至灵，心之所结，无形而若有形，无声而若有声，古圣王因人心而制为祭祀，以作其不忍不敢之心，俾无形无声中犹且致其爱敬与畏，以报生成之德，以严幽独之防。

又云：

自古至今，事鬼物之仪物亦屡变，谁实为之，人为之也。试问今之楮衣冥锭诸物而果可用乎，则金银皆外实中虚，衣服皆有表无里；楮衣冥锭而果无用乎，则何以索衣索锭，或形诸梦寐，或托诸巫言，盖人心以为可用，遂若有用之者耳。古无神仙之说，自秦始皇信方士求不死之药，而有所谓十洲三岛者，有所谓尸解飞升者，以致符箓乩仙诸术，亦时见灵异。古无地狱轮回之说，自天竺法入中国，而或有既死复苏言冥司事者，或有托生他处能记前生事者，或有为活阎罗走无常者。惟因人心而生，故其变幻之端亦随世而增益。……且子女扰杂之地，祠庙不灵，愚贱祷媚之诚，木石著异，凡此之类，莫非人为之也，人为之而鬼神即应之，信乎鬼神之生于人心也。谚云，阴阳只怕懵懂。此言至为孟浪，却至为有理，其人心无鬼神，鬼神亦竟无矣。

其结论云：

总之鬼神生于人心,不可斥以为无,亦不可执以为有。斥以为无,则祭祀不能尽诚;执以为有,则巫妖得以鼓惑。孔子曰,鬼神之为德,其盛矣乎。又曰,务民之义,敬鬼神而远之。此之谓能事鬼神,此之谓知鬼神之情状。

案焦里堂《易余龠录》卷十,引明王子充撰《御史严天祥墓铭》,记在傅说祠侧见鬼事,论之曰:

鬼神本与人远,人日近之,则鬼亦近人。故祸福休咎之灵,必出于素信鬼物之人,远之则不灵矣。孔子所谓敬鬼神而远之,非徒不惑于虚而已,故与之亲与与之忤皆不可,此远与敬所以相因也。

此与上文可相发明,祸福休咎之灵,必出于素信鬼物之人,即上文所云,愚贱祷媚之诚,木石著异。俗谚云,阴阳只怕懵懂,说得远之则不灵的这一反面,又云,疑心生暗鬼,亦即是正面的说明矣。与之亲与与之忤皆不可,即上文所云,不可斥以为无,亦不可执以为有,意见正是相同也。

鬼神生于人心,这句话本来也很平常,但是我颇觉得喜欢,因为与我的意思有点相合。在十年前我写过一篇小文,名

甲辰日病者其鬼姓尸形如鴻雁令人飲食無味寒熱俱發鬼在衣架上捲的衣服內坐作怪害人去之大吉。

○《法病书·选全图注》中关于中国鬼怪的记载6

曰《鬼的生长》，其中有云：

我不信鬼，而喜欢知道鬼的事情，此是一大矛盾也。虽然我不信人死为鬼，却相信鬼后有人，我不懂什么是二气之良能，但鬼为生人喜惧愿望之投影则当不谬也。陶公千古旷达人，其《神释》云，应尽便须尽，无复更多虑。在《拟挽歌辞》中则云，欲语口无音，欲视眼无光，昔在高堂寝，今宿荒草乡。陶公于生死岂尚有迷恋，其如此说于文词上固亦大有情致，但以生前的感觉推想死后况味，正亦人情之常，出于自然者也。常人更执着于生存，对于自己及所亲之翳然而灭，不能信亦不愿信其灭也，故种种设想，以为必继续存在，其存在之状况则因人民地方以至各自的好恶而稍稍殊异，无所作为而自然流露，我们听人说鬼，实即等于听其谈心矣。

后来又在《说鬼》的一文中云：

我们喜欢知道鬼的情状与生活，从文献从风俗上各方面去搜求，为的可以了解一点平常不易知道的人情，换句话说就是为了鬼里边的人。

所谓鬼里边的人，即是使这些鬼神，以及事鬼神之仪物，神仙之说，地狱轮回之说等等所由生的人心是也。哈理孙女士著《希腊神话论引言》中有一句话，说得很得要领：

> 诸神乃是人间欲望之表白，因了驱除与招纳之仪式而投射出来的结果。

我所说的只是鬼一边，现在这样便已满足，神的一边也就有了。钱君所列举的敬与爱与畏，说鬼神之所由起，很是圆到，我说的一节也即属于爱的部分，但这只是关于现今的方便说法，实在说最重要的还是畏居第一，末了是爱，敬只介在中间，讲到底如不是敬畏也就是敬爱，单是敬的几乎可以说是没有。人间的大欲望是生与生生，凡对于这个有妨害的必须设法防御，若是有利益的自当竭力奉迎，宗教根本意义只是驱邪降福，所谓驱除与招纳之仪式，即"鬼外边，福里边"二语尽之矣。在巫师以自力作法的时候，这都好办，到得司祝但凭他力，承令旨取进止时，比较的少把握了，叩头乞恩与供物求宥反正其结果都出于不测之威，所以还是以畏为主。说福进来时仿佛有着一种咒力，若是开大门迎财神爷，他肯光降与否就不一定，又世人虽重财，而敬火神则尤虔诚，这是很有意思的。上边所说由爱而生的鬼神，也即是古人所谓不死其亲的意思，极富于人情，不过很是后起的事，而且爱不胜畏，往往俨存于仪式中，盖眷属虽亲，鬼则可恐，乡间诗礼之家丧出犹不忘碎碗，回丧则越火烟而过，皆是对于死者的恐怖之表示。世间高级宗教中对于无形的神之敬与爱，鄙人少信未能知道，若是凡民的俗信却是很有兴趣，倘得有暇多搜集资料，整理紬绎之，亦是快心的事也。小时候听念佛老太婆说，阴间豆腐干每块二百文，颇觉得诙诡可喜，虽然当时不曾问她的依据，唯其阴间物价极高的意思则固可以了解。阴间的人尚在吃豆腐干，则他物准是，其情状当与阳世无甚殊异，此又可以推知，至于特别提出豆腐干而不云火腿、皮蛋者，乃是念佛老太婆的本色，亦甚有意思者也。这样一件小事，在我觉得比高谈心性还有兴味、有意义，值得费点心思来加以考索。古人咏史诗云，"不问苍生问鬼神"。汉宣帝的事情我们且不管他，但是鬼神原是与苍生有密切关系的，只要谈的适当，这与咨问民间疾苦可以有同样的效用。我们敬鬼神而远之，对于鬼神的问题却当加意考察，因其中盖有人心的机微存在也。

丙午日病者其鬼姓仉名聖形如狮子走跳不住令人头疼多寒汗四肢沈重站立不住鬼在东南竹器上坐去之大吉。

◎《法病书·选全图注》中关于中国鬼怪的记载7

鬼的生长

关于鬼的事情我平常很想知道。知道了有什么好处呢？那也未必有，大约实在也只是好奇罢了。古人云，"唯圣人能知鬼神之情状"，那么这件事可见不是容易办到的，自悔少不弄道学，此路已是不通，只好发挥一点考据癖，从古今人的纪录里去找寻材料，或者能够间接地窥见百一亦未可知。但是千百年来已非一日，载籍浩如烟海，门外摸索，不得象尾，而且鬼界的问题似乎也多得很，尽够研究院里先生们一生的检讨，我这里只提出一个题目，即上面所说的鬼之生长，姑且大题小做，略陈管见，伫候明教。

人死后为鬼，鬼在阴间或其他地方究竟是否一年年地照常生长，这是一个问题。其解决法有二。一是根据我们这种老顽固的无鬼论，那未免文不对题，而且也太杀风景。其次是普通的有鬼论，有鬼才有生长与否这问题发生，所以归根结底解决还只有这唯一一法。然而有鬼虽为一般信士的定论，而其生长与否却言人人殊，莫衷一是。清纪昀《如是我闻》卷四云：

鬼的传说 || **115**

任子田言，其乡有人夜行，月下见墓道松柏间有两人并坐，一男子年约十六七，韶秀可爱，一妇人白发垂项，伛偻携杖，似七八十以上人，倚肩笑语，意若甚相悦，窃讶何物淫妪，乃与少年儿狎昵，行稍近，冉冉而灭。次日询是谁家冢，始知某早年夭折，其妇孀守五十余年，殁而合窆于是也。

照这样说，鬼是不会生长的，他的容貌年纪便以死的时候为准。不过仔细想起来，其间有许多不方便的事情，如少夫老妻即是其一，此外则子老父幼，依照礼法温清定省所不可废，为儿子者实有竭蹶难当之势，甚可悯也。又如世间法不禁再婚，贫儒为宗嗣而续弦，死后便有好几房扶养的责任，则此老翁亦大可念，再醮妇照俗信应锯而分之，前夫得此一片老躯，更将何所用之耶。宋邵伯温《闻见录》十八云：

李夫人生康节公，同堕一死胎，女也。后十余年，夫人病卧，见月色中一女子拜庭下，泣曰，母不察，庸医以药毒儿，可恨。夫人曰，命也。女曰，若为命，何兄独生？夫人曰，汝死兄独生，乃命也。女子涕泣而去。又十余年，夫人再见女子来泣曰，一为庸医所误，二十年方得受生，与母缘重故相别。又涕泣而去。

曲园先生《茶香室三钞》卷八引此文，案语云："此事甚异,此女子既在母腹中死,一无知识之血肉耳,乃死后十余年便能拜能言,岂死后亦如在人间与年俱长乎?"据我看来,准邵氏《闻见录》所说,鬼的与年俱长确无疑义。假如照这个说法,纪文达所记的那年约十六七的男子应该改为七十几岁的老翁,这样一来那篇故事便不成立,因为七八十以上的翁媪在月下谈心,虽然也未免是"马齿长而童心尚在",却并不怎么的可讶了。还有一层,鬼可见人而人不见鬼,最后松柏间相见,翁鬼固然认得媪,但是媪鬼那时如无人再为介绍,恐怕不容易认识她的五十余年前的良人了吧。邵纪二说各有短长,我们凡人殊难别择,大约只好两存之吧,而鬼在阴间是否也是分道扬镳,各自去生长或不生长呢,那就不得而知了。鬼不生长说似普通,生长说稍奇,但我却也找到别的材料,可以参证。《望杏楼志痛编补》一卷,光绪己亥年刊,无锡钱鹤岑著,盖为其子杏宝纪念者,正编惜不可得。补编中有《乩谈日记》,记与其子女笔谈,其三子鼎宝生于己卯四旬而殇,四子杏宝生于辛巳十二岁而殇,三女萼贞生于丁亥五日而殇,皆来下坛。记云:

丙申十二月二十一日晚,杏宝始来。问汝去时十二岁,今身躯加长乎?曰,长。

又云:

丁酉正月十七日，早起扶乩，则先兄韵笙与闰妹杏宝皆在。问先兄逝世时年方二十七，今五十余矣，容颜亦老乎？曰，老。已留须乎？曰，留。

由此可知鬼之与年俱长，与人无异。又有数节云：

正月二十九日，问几岁有知识乎？曰，三岁。问食乳几年？曰，三年。（此系问鼎宝。）

三月二十一日，闰妹到。问有事乎？曰，有喜事。何喜？曰，四月初四日杏宝娶妇。问妇年几何？曰，十三。问请吾辈吃喜酒乎？曰，不。汝去乎？曰，去。要送贺仪乎？曰，要。问鼎宝娶妇乎？曰，娶。产子女否？曰，二子一女。

五月二十九日，问杏儿汝妇山南好否？曰，有喜。盖已怀孕也。喜见于何月？曰，五月。何月当产？曰，七月。因问先兄，人十月而生，鬼皆三月而产乎？曰，是。鬼与人之不同如是，宜女年十一而可嫁也。

六月十二日，问次女应科，子女同来几人？杏儿代答曰，十人。余大惊以为误，反复诘之，答如故。呼闰妹问之，言与杏儿同。问嫁才五年，何得产许多，岂一年产几次乎？曰，是。余始知鬼与人迥别，几与猫犬无异，前闻杏儿娶妇十一岁，以为无此事，今合而观之，鬼固不可以人理测也。

十九日，问杏儿，寿春叔祖现在否？曰，死。死几年矣？曰，三年。死后亦用棺木葬乎？曰，用。至此始知鬼亦死，古人谓鬼死曰聻，信有之，盖阴间所产者即聻所投也。

以上各节对于鬼之婚丧生死诸事悉有所发明，可为鬼的生活志之材料，很可珍重。民国二十二年（1933）春游厂甸，于地摊得此册，白纸木活字，墨笔校正，清雅可喜，《乩谈日记》及《补笔》最有意思，记述地下情形颇为详细，因虑纸短不及多抄，正编未得到虽亦可惜，但当无乩坛纪事，则价值亦少减耳。吾读此编，觉得邵氏之说已有副署，然则鬼之生长正亦未可否认欤。

我不信鬼，而喜欢知道鬼的事情，此是一大矛盾也。虽然，我不信人死为鬼，却相信鬼后有人，我不懂什么是二气之良能，但鬼为生人喜惧愿望之投影则当不谬也。陶公千古旷达人，其《归园田居》云："人生似幻化，终当归空无。"《神释》云："应尽便须尽，无复更多虑。"在《拟挽歌词》中则云："欲语口无音，欲视眼无光，昔在高堂寝，今宿荒草乡。"陶公于生死岂尚有迷恋，其如此说于文词上固亦大有情致，但以生前的感觉推想死后况味，正亦人情之常，出于自然者也。常人更执著于生存，对于自己及所亲之翳然而灭，不能信亦不愿信其灭也，故种种设想，以为必继续存在，其存在之状况则因人民地方以至各自的好恶而稍稍殊异，无所作为而自然流露，我们听人说鬼实即等于听其谈心矣。盖有鬼论者忧患的人生之鸦片烟，人对于最大的悲哀与恐怖之无可奈何的慰藉，"风流士女可以续未了之缘，壮烈英雄则曰二十年后又是一条好汉"，相信唯物论的便有祸了，如精神倔强的人麻醉药不灵，只好醒着割肉。关公刮骨固属英武，然实亦冤苦，非凡人所能堪受，则其乞救于吗啡者多，无足怪也。《乩谈日记》云：

八月初一日，野鬼上乩，报萼贞投生。问何日，书七月三十日。问何地，曰，城中。问其姓氏，书不知。亲戚骨肉历久不投生者尽于数月间陆续而去，岂产者独盛于今年，故尽去充数耶？不可解也。杏儿之后能上乩者仅留萼贞一人，若斯言果确，则扶鸾之举自此止矣。

读此节不禁黯然。《望杏楼志痛编补》一卷为我所读过的最悲哀的书之一，每翻阅辄如此想。如有大创痛人，饮吗啡剂以为良效，而此剂者乃系家中煮糖而成，路人旁观亦哭笑不得。自己不信有鬼，却喜谈鬼，对于旧生活里的迷信且大有同情焉，此可见不佞之老矣，盖老朽者有些渐益苛刻，有的亦渐益宽容也。

庚戌日病者具鬼姓解
形如猛獸尋人惡咬
令人手足疼痛口苦
無味鬼在鍋台
上坐驚動皂神
不安祭之則吉

○《法病书·选全图注》中关于中国鬼怪的记载8

刘青园《常谈》

近来随便翻阅前人笔记，大抵以清朝人为主，别无什么目的，只是想多知道一点事情罢了。郭柏苍著《竹间十日话》序云：

十日之话阅者可一日而毕，阅者不烦，苟欲取一二事以订证则甚为宝重，凡说部皆如此。药方至小也，可以已疾。开卷有益，后人以一日之功可闻前人十日之话，胜于闲坐围棋挥汗观剧矣。计一生闲坐围棋挥汗观剧，不止十日也。苍生平不围棋不观剧，以围棋之功看山水，坐者未起，游者归矣。以观剧之功看杂著，半晌已数十事矣。

这一节话说得极好。我也是不会围棋的，剧也已有三十年不观了，我想匀出这种一点工夫来看笔记，希望得到开卷之益，可是成绩不大好，往往呆看了大半天，正如旧友某氏说，只看了一个该死。我的要求本来或者未免稍苛亦未可知，我计较他们的质，又要估量他们的文。所以结果是谈考据的失之枯燥，讲义理的流于迂腐，传奇志异的有两路，风流者浮诞，劝戒者荒谬，至于文章写得干净，每则可以自成一篇小文者，尤其不可多得。我真觉得奇怪，何以中国文人这样喜欢讲那一套老话，如甘蔗滓的一嚼再嚼，还有那么好的滋味。最显著的一例是关于所谓逆妇变猪这类的记事。在阮元的《广陵诗事》卷九中有这样的一则云：

> 宝应成安若康保《皖游集》载太平寺中一豕现妇人足，弓样宛然，同游诧为异，余笑而解之曰，此必妒妇后身也，人彘之冤今得平反矣，因成一律，以《偶见》命题云。忆元幼时闻林庚泉云，曾见某处一妇不孝其姑遭雷击，身变为彘，唯头为人，后脚犹弓样焉，越年余复为雷殛死。始意为不经之谈，今见安若此诗，觉天地之大事变之奇，真难于恒情度也。惜安若不向寺僧究其故而书之。

阮云台本非俗物，于考据词章之学也有成就，乃喜记录此等恶滥故事，殊不可解，且当初不信林庚泉，而后来忽信成安若以至不知为谁之寺僧，尤为可笑。世上不乏妄人，编造《坐花志果》等书，灾梨祸枣，汗牛充栋，几可自成一库，则亦听之而已，雷塘庵主奈何也落此窠臼耶。中国人虽说是历来受儒家的熏陶，可是实在不能达到"未能事人焉能事鬼"的态度，一面固然还是"未知生",一面对于所谓腊月二十八的问题却又很关心,于是就参照了眼前的君主专制制度建设起一个冥司来,以寄托其一切的希望与喜惧。这是大众的意志,读书人原是其中的一分子,自然是同感的,却要保留他们的优越,去拿出古人说的本不合理的"神道设教"的一句话来做解说,于是士大夫的神学也就成立了。民间自有不成文的神话与仪式,成文的则有《玉历钞传》《阴骘文》《感应篇》《功过格》,这在读书人的书桌上都是与孔教的经有并列的资格的。照这个情形看来,中国文人思想之受神道教的支配正是不足怪的事情,不过有些杰出的人于此也还未能免俗,令人觉得可惜,因此他们所记的这好些东西只能供给我们作材料,去考证他们的信仰,却不足供我们的玩味欣赏了。

对于鬼神报应等的意见我觉得刘青园的要算顶好。青园名玉书,汉军正蓝旗,故书署辽阳玉书,生于乾隆三十二年(1767),所著有《青园诗草》四卷,《常谈》四卷,行于世。《常谈》卷一有云:

鬼神奇迹不止匹夫匹妇言之凿凿,士绅亦尝及之。唯余风尘斯世未能一见,殊不可解。或因才不足以为恶,故无鬼物侵陵,德不足以为善,亦无神灵呵护。平庸坦率,无所短长,眼界固宜如此。

又云:

言有鬼言无鬼，两意原不相背，何必致疑。盖有鬼者指古人论鬼神之理言，无鬼者指今人论鬼神之事言。

这个说法颇妙。刘本系儒家，反释道而不敢议周孔，故其说鬼神云于理可有而于事则必无也。又卷三云：

余家世不谈鬼狐妖怪事，故幼儿辈曾不畏鬼，非不畏，不知其可畏也。知狐狸，不知狐仙。知毒虫恶兽盗贼之伤人，不知妖魅之祟人，亦曾无鬼附人之事。又不知说梦占梦详梦等事。

又一则列举其所信，有云：

信祭鬼神宜诚敬，不信鬼神能监察人事。信西方有人其号为佛，不信佛与我有何干涉。信圣贤教人以伦常，不信圣贤教人以诗文。信医药可治病，不信灵丹可长生。信择地以安亲，不信风水能福子孙。信相法可辨贤愚邪正，不信面目能见富贵功名。信死亡之气疠疫之气触人成疾，不信殃煞扑人疫鬼祟人。信阴阳和燥湿通蓄泄有时为养，不信精气闭涸人事断绝为道。信活泼为生机，不信枯寂为保固。信祭祀祖先为报本追远，不信冥中必待人间财物为用。似此之类不一而足，忆及者志之，是非亦不问人，亦不期人必宜如此。

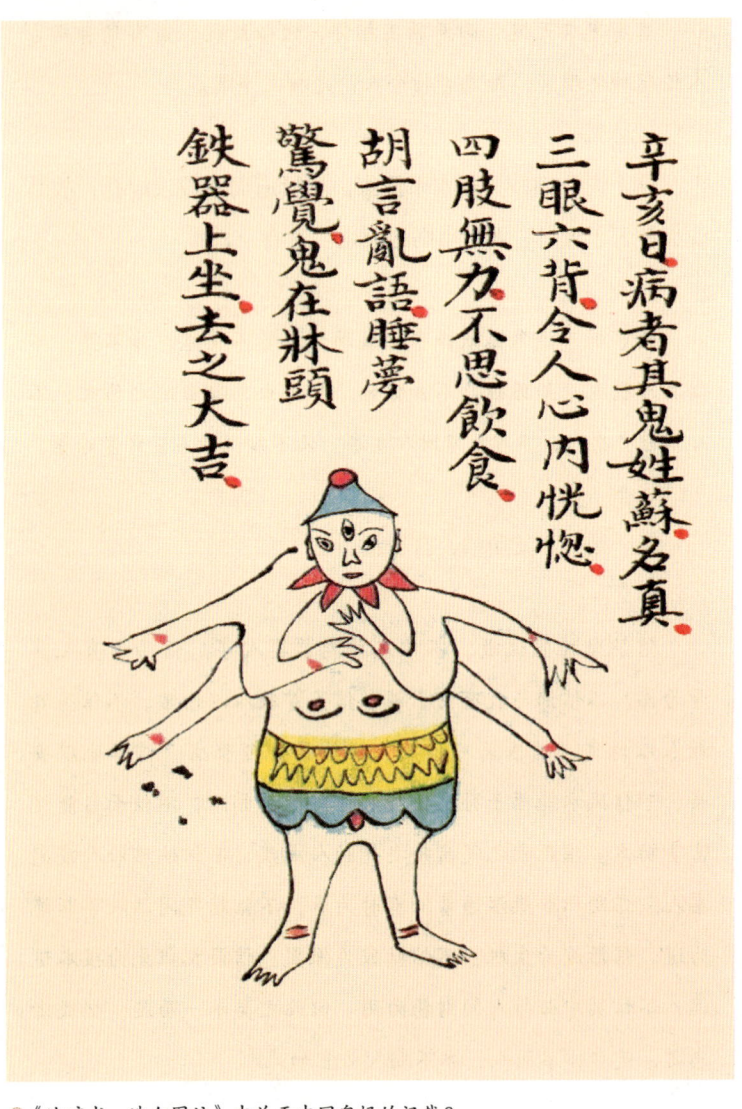

辛亥日病者其鬼姓蘇名真
三眼六背令人心內恍惚
四肢無力不思飲食
胡言亂語睡夢
驚覺鬼在牀頭
鉄器上坐去之大吉

◎《法病书·选全图注》中关于中国鬼怪的记载9

此两则清朗通达，是儒家最好的境地，正如高骏烈序文中所说，"使非行己昭焯，入理坚深，事变周知，智识超旷，何以及此"，不算过誉，其实亦只是懂得人情物理耳，虽然他攻异端时往往太有儒教徒气，如主张将"必愿为僧者呈明尽宫之"，也觉得幼稚可笑。卷三又论闱中果报云：

乡会两闱，其间或有病者、疯者、亡者、缢者、刎者，士子每惑于鬼神报复相骇异。余谓此无足怪。人至万众，何事不有，其故非一，概论之皆名利萦心，得失为患耳。当其时默对诸题，文不得意，自顾绝无中理，则百虑生焉，或虑贫不能归，或忧饥寒无告，或惧父兄谴责，或耻亲朋讪笑，或债负追逼，或被人欺骗，种种虑念皆足以致愚夫之短见，而风寒劳瘁病亡更常情也，恶足怪。若谓冤鬼缠扰，宿孽追寻，何时不可，而必俟场期耶。倘其人不试，将置沉冤于不问乎。此理易知，又何疑焉。人每津津谈异，或以警士子之无行者，然亦下乘矣。犹忆己酉夏士子数人肄业寺中，谈某家闺闱事甚媟，一士摇手急止之曰，不可不可，场期已近，且戒口过，俟中后再谈何害。噫，士习如此，其学可知。

在《乡闱纪异》这类题目的故事或单行本盛行的时候，能够有如此明通的议论，虽然不过是常识，却也正是卓识了。卷一又有一则，论古今说鬼之异同，也是我所喜欢的小文：

鬼的传说 ‖ **127**

说鬼者代不乏人，其善说者唯左氏晦翁东坡及国朝蒲留仙纪晓岚耳，第考其旨趣颇不相类。盖左氏因事以及鬼，其意不在鬼。晦翁说之以理，略其情状。东坡晚年厌闻时事，强人说鬼，以鬼自晦者也。蒲留仙文致多辞，殊生鬼趣，以鬼为戏者也。唯晓岚旁征远引，劝善警恶，所谓以鬼道设教，以补礼法所不足，王法所不及者，可谓善矣，第搢绅先生夙为人望，斯言一出，只恐释黄巫觋九幽十八狱之说借此得为口实矣。

以鬼道设教，既有益于人心世道，儒者宜赞许之，但他终致不满，这也是他的长处，至少总是一个不夹杂道士气的儒家，其纯粹处可取也。又卷三有一则云：

余巷外即通衢，地名江米巷，车马络绎不绝。乾隆年间有重车过辙，忽陷其轮，启视之，井也，盖久闭者，因负重石折而复现焉。里人因而汲饮，亦无他异，而远近好事者遂神其说，言龙见者，言出云者，言妖匿者，言中毒者，有窥探者，倾听者，惊怪者，纷纷不已。余之相识亦时来询访，却之不能，辨之不信，聒噪数月始渐息。甚矣，俗之尚邪，无怪其易惑也。

此事写得很幽默，许多谈异志怪的先生们都受了一番奚落，而阮云台亦在其中，想起来真可发一笑。

溺鬼

孙德祖著《寄龛甲志》卷四云:"《续新齐谐》云,溺鬼必带羊臊气,信然。"因举半塘桥茹氏园池溺死数人,云惟时皆闻水有羊膻,不出三日果溺人,平时未尝有也。又《丙志》卷二云:"俗传妇女以不良死者,其鬼所至当有脂粉气。"此两种俗信今尚存在,脂粉气盖因妇女之故,意思可解,羊膻则不知何故,岂民间以河水鬼为异物,虽鬼而近于水怪,仿佛又似兽之一种欤。方旭晓卿《蠹存》上云,鬼作纸灰气,惟水鬼作羊臊气。孙彦清、袁子才、方晓卿皆浙江人,说皆一致,不知他处亦有此说否。以上所说大抵亦只是原则而已,各鬼出现时未必一定每次如此,盖述者如不记得则也就不提及以为点缀也。

辛酉日病者其鬼姓齊，名花形如飛魚，或變小鬼令人發汗以似油煎鬼在牀頭花衣服上坐說破大吉。

○《法病书·选全图注》中关于中国鬼怪的记载10

疟鬼

赵与时《宾退录》卷七云：

世人疟疾将作，谓可避之他所，间巷不经之说也，然自唐已然。高力士流巫州，李辅国授谪制时，力士方逃疟功臣阁下。杜子美诗，"三年犹疟疾，一鬼不销亡。隔日搜脂髓，增寒抱雪霜。徒然潜隙地，有觍屡鲜妆。"则不特避之，而复涂抹其面矣。

避疟这件事，我在十四五岁的时候还曾经做过，结果是无效，所以下回便不再避了。乡间又认疟疾为人所必须经过的一种病，有如痘疹之类，初次恒不加禁断，任其自发自愈，称曰"开昂"(Kengoang)。疟鬼名"腊塌四相公"，幼时在一村庙中曾见其塑像。共四人，并坐龛中，衣冠面貌都不记忆，唯记得一人手持吹火筒，一持芭蕉扇，其余两个手中的东西也已忘却了。据同伴的工人说明，持扇者扇人使发冷，持火筒者一吹则

壬子日病者其鬼姓參，形如豹子，令人身體沉重，足疼口苦，鬼在南牆間油瓶上坐，去之則吉。

◎《法病书·选全图注》中关于中国鬼怪的记载11

病人陡复发热云。俗语称一般传染病云腊塌病,故四相公亦以是名。本来民间迷信愈古愈多,这种逃疟涂面的办法大抵传自"三代以前",不过到了唐代始见著录罢了。英国安特路兰(Andrew Lang)曾听见一位淑女说,治风湿的灵方是去偷一个马铃薯,带在身边,即愈;他从这里推究出古今中外的关于何首乌类的迷信的许多例来,做了一篇论文曰《摩吕与曼陀罗》(Moly and Mandragora),收在《风俗与神话》的中间。迷信的源远流长真是值得惊叹。

花煞

川岛在《语丝》六六期上提起花煞，并问我记不记得高调班里一个花煞"被某君看到大大的收拾了一场"的故事。这个戏文我不知道，虽然花煞这件东西是知道——不，是听见人家说过的。照我的愚见说来，煞本是死人自己，最初就是他的体魄，后来算作他的灵魂，其状如家鸡。（凡往来飘忽，或出没于阴湿地方的东西，都常用以代表魂魄，如蛇虫鸟鼠之类，这里本来当是一种飞鸟，但是后人见识日陋，他们除了天天在眼前的鸡鸭外几乎不记得有别的禽鸟，所以只称他是家鸡，不管他能飞不能飞了；说到这里，我觉得绍兴放在灵前的两只纸鸡，大约也是代表这个东西的，虽然他们说是跟死者到阴间去吃痰的，而中国人也的确喜欢吐痰。）再后来乃称作煞神，仿佛是"解差"一类的东西，而且有公母两只了。至于花煞（方音读作Huoasaa，第二字平常读Saeh）则单是一种喜欢在结婚时作弄人的凶鬼，与结婚的本人别无系属的关系。在野蛮人的世界里，四分之一是活人，三分之一是死鬼，其余的都是精灵鬼怪。这第三种，占全数十二分之五的东西，现在总称精灵鬼怪，"西儒"则呼之为代蒙（Daimones），里边也未必绝无和善的，但大抵都是凶恶，幸灾乐祸的，在文化幼稚，他们还没有高升为神的时候，恐怕个个都是如此。他们时时刻刻等着机会，要来伤害活人，虽然这于他们并没有什么好处，而且那时也还没有与上帝作对的天魔派遣他们出去捣乱。但是活人也不是蠢东西，任他们摆布，也知道躲避或抵抗，所以他们须得找寻好机会，人们不大能够反抗的时候下手，例如呵欠，喷嚏，睡觉，吃饭，发身，生产，——此外最好自然还有那性行为，尤其是初次的性交。截搭题做到这里，已经渡到花煞上来了。喔，说到本题，我却没有什么可以讲了，因为关于绍兴的花煞的传记我实在知道得太少。我只知道男家发轿时照例有人穿了袍褂顶戴，（现在大约是戴上了乌壳帽了吧？）拿一面镜子、一个熨斗和一座烛台在轿内乱照，行"搜轿"的仪式。这当然是在那里搜鬼，但搜的似乎不是花煞，因为花煞仍旧跟着花轿来的，仿佛可以说凡花轿必有其花煞，自然这轿须得实的，里边坐着一个人。这个怪物大约与花轿有什么神秘的关系，虽然我不能确说；总之男女居室而不用花轿便不听见有什么花煞，如抢亲、养媳妇、纳妾，至于野田草露更不必说了。听说一个人冲了花煞就要死或者至少也是重病，则其祸祟又波及新人以外的旁人了，或者因为新娘子遍身穿红，又熏透芸香，已经有十足的防御，所谓有备故无患也欤。

戊午日病者具鬼姓屈鬚髮皆白令人狂言亂語手足無力鬼在門前石器上坐說破則喜或隨口念佛即安

小鬼小鬼
人怕小鬼

◎《法病书·选全图注》中关于中国鬼怪的记载12

【附录】

结婚与死（顺风）

岂明先生：

在《语丝》六八期上看到说起花煞，我预备把我所知的一点奉告。这种传说我曾听见人家谈起过几次，知道它是很有来历的，只是可惜我所听到的也只是些断片，很不完全。据说从前有一个新娘用剪刀在轿内自杀，这便是花煞神的来源。因此绍兴结婚时忌见铁，凡门上的铁环，壁上的铁钉之类，都须用红纸蒙住。

关于那女子在轿中自杀的事情，听说在一本《花煞卷》中有得说起。绍兴夏天晚上常有"宣卷"，《花煞卷》就是那种长篇宝卷之一，但我不曾听到过；只有一个朋友曾见这卷的刊本，不过已记不清楚了，只记得那新娘是被强抢去成亲，所以自杀了。

绍兴从前通行的新娘装束，我想或者与这种传说不无关系。其中最可注意的，便是新娘出轿来的时候所戴的纸制的"花冠"。那冠是以竹丝为架，外用红绿色纸及金纸糊成，上插有二寸多长的泥人，名叫"花冠菩萨"。照一般的情形说来，本来活人是不能戴纸帽子的，例如夏季中专演给鬼看的"大戏"(Doohsii)和"目莲"，台旁挂有许多纸帽，戏中人物均穿戴如常，唯有出台来的鬼王以及活无常(Wueh-wuzoang)，总之凡属于鬼怪类的东西才戴这挂在那里的纸帽。（进台时仍取下挂在台边，不带进后台去，演戏完毕同纸钱一并焚化。）今新娘也戴纸帽，岂扮作一种花煞神之类乎？又所穿的那件"红绿大袖"也不像常人所穿的衣服，形状颇似"女吊神"背心底下所穿的那件红衫子。又据一位朋友说，绍兴有些地方，新娘有不穿这件贯来的"红绿大袖"而借穿别人家的"寿衣"的，只是什么理由却不知道。我想，只要实地去考查，恐怕可以找出些道理来，从老年人的记忆上或可以得到些有用的材料。

搜轿确似在搜别的妖怪，不是搜花煞神。因为花轿中还能藏匿各种别的鬼怪，足为新娘之害，如《欧阳方成亲》那出戏中，花轿顶上藏有一个吊死鬼，后被有日月眼的郑三弟看出，即是一例。

还有，绍兴许多人家结婚时向用"礼生"念花烛的，但别有些人家却用一个道士来念。我曾听见过一次，虽然念的不过是些吉利话，但似乎也是很有意义的事情。我看道士平时所做的勾当，如发符上表作法等，都是原始民族中术士的举动，结婚时招道士来祝念，当有魔术的意思含在里边，虽然所念的已变成了吉利话而非咒语了。中国是极古老的国度，原始时代的遗迹至今有的还保留着，只要加意调查研究，当可得到许多极有价值的资料。事情又说远了,就此"带住"吧。

顺风上,三月九日于上海。

岂明案:新娘那装束,或者是在扮死人,意在以邪辟邪,如方相氏之戴上鬼脸。但是其中更有趣味的,乃是结婚与死的问题。我记起在希腊古今宗教风俗比较研究书中说及同样的事,希腊新娘的服色以及沐浴涂膏等仪式均与死人时相同。绍兴新人们的衣服都用香熏,不过用的是芸香,而熏寿衣则用柏香罢了;他们也都举行"溥浴"的典礼,这并不是简单的像我们所想的洗澡,实在与殓时的同样地是一种重要的仪式。希腊的意思我们是可以知道的,他们关于地母崇拜古时有一种宗教仪式,大略如原始民族间所通行的冠礼(Initiation),希腊则称之曰成就(Telos),他的宗旨是在宣示人天交通的密义,人死则生天上,与诸神结合,而以男女配偶为之象征。人世的结婚因此不啻即具体的显示成就之欢喜,亦为将来大成就(死)的永生之尝试,故结婚常称作成就,而新人们则号为成就者(Teleioi)。所以希腊的风俗乃是以结婚的服饰仪式移用于死者,使人不很觉得死之可悲,且以助长其对于未来的希望。《陀螺》中我曾译有三首现代希腊的挽歌,指出其间有一个中心思想,便是将死与结婚合在一处,以为此世的死即是彼世的结婚。今转录一首于下:

儿呵，你为甚要去，到幽冥里去？

那里是没有公鸡啼，没有母鸡叫，

那里没有泉水，没有青草生在平原上。

饿了么？在那里没有东西吃；

渴了么？在那里没有东西喝；

你要躺倒休息么？你得不到安眠。

那么停留吧，儿呵，

在你自己的家里，停留在你自己的亲人里。

不，我不停留了，

我的亲爱的父亲和深爱的母亲。

昨天是我的好日，昨晚是我的结婚，

幽冥给我当作丈夫，坟墓做我的新母亲。

至于绍兴的风俗是什么意思我还不能领会，我看他不是同希腊那样的拿新娘的花冠去给死人戴，大约是颠倒地由活人去学死装束的。中国人的心里觉得婚姻是一件"大事"，这当然也是有的，但未必会发生与死相联属的深刻的心理；独断地说一句，恐怕不外是一种辟邪的法术作用吧。这种事情要请专门的祭司来管，我们开篷的道士实在有点力有不及。还有，那新娘拜堂时手中所执的掌扇，也不知道是什么用的，——这些缘起传说或者须得去问三埭街的老嫚，虽然不免有些附会或传讹，总还可以得到一点线索吧。

北京风俗

燕京古老的胡同,每一块青石板,都诉说着过去的故事。

关于《燕京岁时记》译本

◦《燕京岁时记》

敦崇所著《燕京岁时记》是我所喜欢的书籍之一，自从民国九年（1920）初次见到，一直如此以至今日。原书刻于光绪丙午，距今才三十六年，市上尚有新印本发售，并不难得，但是我有一本，纸已旧敝，首页有朱文印二，曰铁狮道人，曰姓富察名敦崇字礼臣，篆刻与印色均不佳，所可重者乃是著者之遗迹耳。寒斋所得此外尚有《紫藤馆诗草》《南行诗草》《都门纪变三十绝句》《画虎集文钞》《芸窗琐记》《湘影历史》等六种，但是最有意思的，还要算这《岁时记》，近七八年中英文日文译本都已出来，即此也可见为有目所共赏了。英译本名 Annual Customs and Festivals in Peking，译者 Derk Bodde，一九三五年北京法文书店发行，价十三元半，但是现售加倍了。日译本名《北京年中行事记》，小野胜年译，昭和十六年（1941）岩波书店发行，价金六十钱也。

日英译者译注此书，有相当的见识，可以佩服，故略加批评，亦责备贤者之意，若是一般应时投机之物，则自不暇评，实亦并不暇买也。

两译本有一共同的缺点，这便是关于著者生活之道听途说。英译本根据《紫藤馆诗草》卷首《铁狮道人传》的资料，说到著者之死，其文云：

传记言在宣统三年七月，他病了，回北京后不久死去，年五十七。

查周承荫著传记原文云：

宣统三年七月因病请假就医，甫至京遽遭国变，遂不复出，时或自言自语，时或拍案呼咤，惟遇隆裕皇太后大事，成服而出，缟素二十七日。

案隆裕太后之丧在民国二年（1913）癸丑，敦氏尚在，年五十九矣，然则不如译者所说死于辛亥也明甚，是年只是遂不出耳，非是遂不起也。日译本绪言中所说则尤奇，其文云：

宣统三年七月因病辞官归北京，十月革命起，自此遂不复出门，宣统帝大婚毕，乃至通州八里桥投水自杀。遗老怀黍离麦秀之叹而死者，王国维之前，有斯人焉，此桥川时雄氏评彼之言也。时行年五十七。

案宣统大婚典礼在民国十一年（1922）壬戌，敦崇年六十八。又查《画虎集文钞》，卷末有碣石逋叟周毓之诗序，毓之即周承荫，序文末署甲子，自称七十老人，可知两年前未曾有跳河之事矣。此序文作于正月元日，又云病中，我们所能知道者止此，即截至尔时止，铁狮道人尚健在耳，若何时逝世，则因现在找不着资料，未能知悉也。

译文误解，在西洋人自属难免，但不知何以无华人为之先一校阅也。英译本"封台"项下，说"甚不闲"以前颇盛，近亦如广陵散矣，译作消散如广陵，注言广陵即扬州，昔繁华而今衰歇。又"端阳"项下，竹筒贮米以祭屈原，以楝叶塞其上，译作荷叶，似误听楝字为莲字音也。日译本自不至再误矣，唯亦偶有疏忽处，略举二三于下。

五十七页"厂甸儿"节，搬指译作指环，按平常指环无加在拇指上者，意有参差，英译本不误。又碧霞玺译作碧霞色玉之印章，按这宝石名称的语源虽未详，但玺字并不如字作印玺解，是无疑的，英译本作柘榴石，虽色彩或不合，似尚较佳。

一四二页"江南城隍庙"节，原文迎赛祀孤，这所祀大抵是孤魂罢，因为期日是中元，清明，十月一日，参考各节亦可明了也。日译本云，迎此城隍神而祀其孤独者。案英译本云，欢迎并祭祀此诸孤独之神们。二本误解处相同，即以孤为孤神，其实这里的神们都不孤独，不但城隍皆有夫人，即从神亦犹官衙之吏胥，徒党甚众也。

但是更大的缺点乃是改字的错误。一四四页"金钟儿"节，原文云，金钟之号，非滥予也。日译本注曰，滥予意稍难通，恐是滥竽之误。附录原文便径改作滥竽，卷末校订表中亦并列入。按滥予不误，英译本作extravagantly conferred，亦尚不错，若云滥竽，反不通顺矣。

又一七九页"蛐蛐儿"节，原文云：或又谓聒聒儿者即蟪蝈也。日译本注曰，原文为聒聒儿，则意味难通，乃以意改为油壶卢。译文云，或者所谓油壶卢者即是蝼蝈。按原文或谓，本来只说或人有此一说，自己全不负责，译文则全是著者的意思，口气全不相同。又聒聒儿亦写作蝈蝈儿，因此蝈而连想到蝼蝈，乃有此或说，油壶卢则连搭不上，至丁讲事实，《月令》的蝼蝈郑氏注云是蛙，俗语的蝼蝈蝼蛄，河北亦有土名曰拉拉蛄，只能作蚯蚓鸣，无沿街叫卖之价值也。

以上略举数项，非敢吹毛求疵，只是求全责备，希望此种有意义的译者，减少缺点，进于完善，别无他意也。关于二书的插画等，虽亦稍有意见，兹姑从略。

北京的茶食

在东安市场的旧书摊上买到一本日本文章家五十岚力的《我的书翰》，中间说起东京的茶食店的点心都不好吃了，只有几家如上野山下的"空也"，还做得好点心，吃起来馅和糖及果实浑然融合，在舌头上分不出各自的味来。想起德川时代江户的二百五十年的繁华，当然有这一种享乐的流风余韵流传到今日，虽然比起京都来自然有点不及。北京建都已有五百余年之久，论理于衣食住方面应有多少精微的造就，但实际似乎并不如此，即以茶食而论，就不曾知道什么特殊的有滋味的东西。固然我们对于北京情形不甚熟悉，只是随便撞进一家饽饽铺里去买一点来吃，但是就撞过的经验来说，总没有很好吃的点心买到过。难道北京竟是没有好的茶食，还是有而我们不知道呢？这也未必全是为贪口腹之欲，总觉得住在古老的京城里吃不到包含历史的精炼的或颓废的点心是一个很大的缺陷。北京的朋友们，能够告诉我两三家做得上好点心的饽饽铺么？

我对于二十世纪的中国货色，有点不大喜欢，粗恶的模

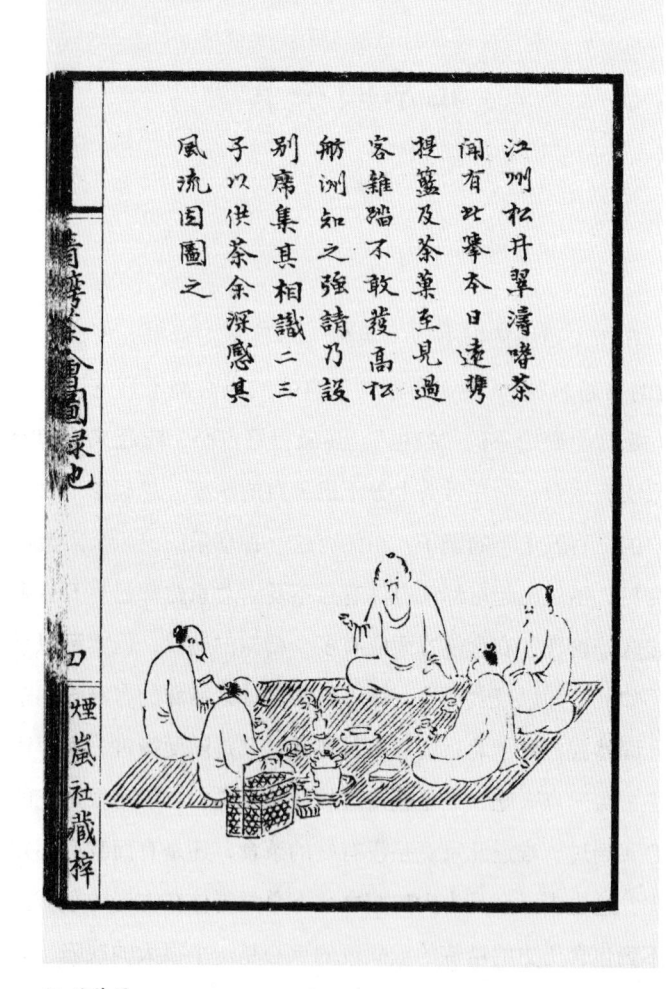

◎ 饮茶图

仿品，美其名曰国货，要卖得比外国货更贵些。新房子里卖的东西，便不免都有点怀疑，虽然这样说好像遗老的口吻，但总之关于风流享乐的事我是颇迷信传统的。我在西四牌楼以南走过，望着"异馥斋"的丈许高的独木招牌，不禁神往，因为这不但表示它是义和团以前的老店，那模糊阴暗的字迹又引起我一种焚香静坐的安闲而丰腴的生活的幻想。我不曾焚过什么香，却对于这件事很有趣味，然而终于不敢进香店去，因为怕他们在香合上已放着花露水与日光皂了。我们于日用必需的东西以外，必须还有一点无用的游戏与享乐，生活才觉得有意思。我们看夕阳，看秋河，看花，听雨，闻香，喝不求解渴的酒，吃不求饱的点心，都是生活上必要的——虽然是无用的装点，而且是愈精炼愈好。可怜现在的中国生活，却是极端地干燥粗鄙，别的不说，我在北京彷徨了十年，终未曾吃到好点心。

故乡的野菜

我的故乡不止一个,凡我住过的地方都是故乡。故乡对于我并没有什么特别的情分,只因钓于斯游于斯的关系,朝夕会面,遂成相识,正如乡村里的邻舍一样,虽然不是亲属,别后有时也要想念到他。我在浙东住过十几年,南京、东京都住过六年,这都是我的故乡;现在住在北京,于是北京就成了我的家乡了。

日前我的妻往西单市场买菜回来,说起有荠菜在那里卖着,我便想起浙东的事来。荠菜是浙东人春天常吃的野菜,乡间不必说,就是城里只要有后园的人家都可以随时采食,妇女小儿各拿一把剪刀一只"苗篮",蹲在地上搜寻,是一种有趣味的游戏的工作。那时小孩们唱道,"荠菜马兰头,姊姊嫁在后门头。"后来马兰头有乡人拿来进城售卖了,但荠菜还是一种野菜,须得自家去采。关于荠菜向来颇有风雅的传说,不过这似乎以吴地为主。《西湖游览志》云,"三月三日男女皆戴荠菜花。谚云,三春戴荠花,桃李羞繁华。"顾禄的《清嘉录》

◎ 荠菜

上亦说：

　　荠菜花俗呼"野菜花"，因谚有"三月三蚂蚁上灶山"之语，三日人家皆以野菜花置灶陉上，以厌虫蚁。侵晨村童叫卖不绝。或妇女簪髻上以祈清目，俗号"眼亮花"。

但浙东人却不很理会这些事情，只是挑来做菜或炒年糕吃罢了。

黄花麦果通称"鼠曲草"，系菊科植物，叶小微圆互生，表面有白毛，花黄色，簇生梢头。春天采嫩叶，捣烂去汁，和粉作糕，称"黄花麦果糕"。小孩们有歌赞美之云：

黄花麦果韧结结，
关得大门自要吃：
半块拿弗出，一块自要吃。

清明前后扫墓时，有些人家——大约是保存古风的人家——用黄花麦果作供，但不作饼状，做成小颗如指顶大，或细条如小指，以五六个作一攒，名曰"茧果"，不知是什么意思，或因蚕上山时设祭，也用这种食品，故有是称，亦未可知。自从十二三岁时外出不参与外祖家扫墓以后，不复见过茧果，近来住在北京，也不再见黄花麦果的影子了。日本称作"御形"，与荠菜同为春的七草之一，也采来做点心用，状如艾饺，名曰"草饼"，春分前后多食之，在北京也有，但是吃去总是日本风味，不复是儿时的黄花麦果糕了。

扫墓时候所常吃的还有一种野菜，俗名"草紫"，通称"紫云英"，农人在收获后，播种田内，用作肥料，是一种很被贱视的植物，但采取嫩茎瀹食，味颇鲜美，似豌豆苗。花紫红色，数十亩接连不断，一片锦绣，如铺着华美的地毯，非常好看，而且花朵状若蝴蝶，又如鸡雏，尤为小孩所喜。间有白色的花，相传可以治痢，很是珍重，但不易得。日本《俳句大辞典》云，"此草与蒲公英同是习见的东西，从幼年时代便已熟识。在女人里边，不曾采过紫云英的人，恐未必有吧。"中国古来没有花环，但紫云英的花球却是小孩常玩的东西，这一层我还替那些小人们欣幸的。浙东扫墓用鼓吹，所以少年常随了乐音去看"上坟船里的姣姣"；没有钱的人家虽没有鼓吹，但是船头上篷窗下总露出些紫云英和杜鹃的花束，这也就是上坟船的确实的证据了。

中秋的月亮

敦礼臣著《燕京岁时记》云:

京师之日八月节者,即中秋也。每届中秋,府第朱门皆以月饼果品馈赠,至十五月圆时,陈瓜果于庭以供月,并祀以毛豆鸡冠花。是时也,皓魄当空,彩云初散,传杯洗盏,儿女喧哗,真所谓佳节也。惟供月时,男子多不叩拜,故京师谚曰,"男不拜月,女不祭灶"。

此记作于四十年前,至今风俗似无甚变更,虽民生凋敝,百物较二年前超过五倍,但中秋吃月饼恐怕还不肯放弃,至于赏月则未必有此兴趣了吧。本来举杯邀月这只是文人的雅兴,秋高气爽,月色分外光明,更觉得有意思,特别定这日为佳节,若在民间不见得有多大兴味,大抵就是算账要紧,月饼尚在其次。我回想乡间一般对于月亮的意见,觉得这与文人学者的颇不相同。普通称月曰"月亮婆婆",中秋供素月饼水果及老南瓜，又凉水一碗，妇孺拜毕，以指蘸水涂目，祝曰"眼目清凉"。相信月中有娑婆树，中秋夜有一枝落下人间，此亦似即所谓月华，但不幸如落在人身上，必成奇疾，或头大如斗，必须斫开，乃能取出宝物也。月亮在天文中本是一种怪物，忽圆忽缺，诸多变异，潮水受他的呼唤，古人又相信其与女人生活有关。更奇的是与精神病者也有微妙的关系，拉丁文便称此病曰"月光病"，仿佛与日射病可以对比似的。这说法现代医家当然是不承认了，但是我还有点相信，不是说其间隔发作的类似，实在觉得月亮有其可怕的一面，患怔忡的人见了会生影响，正是可能的事吧。好多年前夜间从东城回家来，路上望见在昏黑的天上挂着一钩深黄的残月，看去很是凄惨，我想我们现代都市人尚且如此感觉，古时原始生活的人当更如何？住在岩窟之下，遇见这种情景，听着豺狼嗥叫，夜鸟飞鸣，大约没有什么好的心情，——不，即使并无这些禽兽骚扰，单是那月亮的威吓也就够了，他简直是一个妖怪，别的种种异物喜欢在月夜出现，这也只是风云之会，不过跑龙套罢了。等到月亮渐渐地圆了起来，他的形相也渐和善了，望前后的三天光景几乎是一位富翁的脸，难怪能够得到许多人的喜悦，可是总是有一股冷气，无论如何还是去不掉的。"只恐琼楼玉宇，高处不胜寒"，东坡这句词很能写出明月的精神来，向来传说的忠爱之意究竟是否寄托在内，现在不关重要，可以姑且不谈。总之我于赏月无甚趣味，赏雪赏雨也是一样，因为对于自然还是畏过

◎《月色秋声图》宋 马和之

于爱，自己不敢相信已能克服了自然，所以有些文明人的享乐是于我颇少缘分的。中秋的意义，在我个人看来，吃月饼之重要殆过于看月亮，而还账又过于吃月饼，然则我诚犹未免为乡人也。

关于竹枝词

七八年前曾经为友人题所编《燕都风土丛书》，写过一篇小文，上半云：

不佞从小喜杂览。所喜读的品类本杂，而地志小书为其重要的一类，古迹名胜固复不恶，若所最爱者乃是风俗物产这一方面也。中国地大物博，书籍浩如烟海，如欲贪多实实力有不及，故其间亦只能以曾游或所知者为限，其他则偶尔涉及而已。不佞生于会稽，曾寓居杭州南京，今住北平，已有二十余年，则最久矣。在杭州时才十三四岁，得读《砚云甲编》中之《陶庵梦忆》，心甚喜之，为后来搜集乡人著作之始基，惜以乏力至今所收不能多耳。尔后见啸园刊本《清嘉录》，记吴事而可通于两浙，先后搜得其异本四种，《藤阴杂记》，《天咫偶闻》及《燕京岁时记》，皆言北京事者，常在案头，若《帝京景物略》则文章尤佳妙，唯恨南京一略终不可得见，辜负余六年浪迹白门，无物作纪念也。

去年冬天写《十堂笔谈》,其九是谈风土志的,其中有云:

中国旧书史部地理类中有杂记一门,性质很是特别,本是史的资料,却很多文艺的兴味,虽是小品居多,一直为文人所爱读,流传比较的广。这一类书里所记的大都是一地方的古迹传说,物产风俗,其说既多新奇可喜,假如文章写得好一点,自然更引人入胜,而且因为说的是一地方的事,内容固易于有统一,更令读者感觉对于乡土之爱,这是读大部分的地理书时所没有的。这些地理杂记,我觉得它好,就是材料好,意思好,或是文章好的,大约有这几类:其一是记一地方的风物的,单就古代来说,晋之《南方草木状》,唐之《北户录》与《岭表录异》,向来为艺林所珍重。中国博物之学不发达,农医二家门户各别,士人知道一点自然物差不多只靠这些,此外还有《诗经》《楚辞》的名物笺注而已。其二是关于前代的,因为在变乱之后,举目有河山之异,著者大都是逸民遗老,追怀昔年风景,自不禁感慨系之,其文章既含有感情分子,追逐过去的梦影,鄙事俚语不忍舍弃,其人又率有豪气,大胆的抒写,所以读者自然为之感动倾倒。宋之《梦华》《梦梁》二录,明之《如梦录》与《梦忆》,都是此例。其三是讲本地的,这本来可以同第一类并算,不过有这一点差别,前者所记多系异地,后者则对于故乡或是第二故乡的留恋,重在怀旧而非知新。我们在北京的人便就北京来说吧，燕云十六州的往事，若能存有记录，未始不是有意思的事，可惜没有什么留遗，所以我们的话只好从明朝说起。明末的《帝京景物略》是我所喜欢的一部书，即使后来有《日下旧闻》等，博雅精密可以超过，却总是参考的类书，没有《景物略》的那种文艺价值。清末的书有《天咫偶闻》与《燕京岁时记》，也都是好的，民国以后出版的有枝巢子的《旧京琐记》，我也觉得很好，只可惜写得太少罢了。

上边两节虽然是偶尔写成，可是把我对于地志杂记或风土志的爱好之意说的颇为明白，不过以前所说以散文为主，现在拿来应用于韵文方面，反正道理也是一样。韵文的风土志一类的东西，这是些什么呢?《两都》《二京》，以至《会稽三赋》，也都是的，但我所说的不是这种大著，实在只是所谓竹枝词之类而已。说起竹枝的历史，大家都追踪到刘禹锡那里去，其实这当然古已有之，关于人的汉有刘子政的《列女传赞》，关于物的晋有郭景纯的《山海经图赞》，不过以七言绝句的体裁，而名为竹枝者，以刘禹锡作为最早，这也是事实。案《刘梦得文集》卷九，竹枝词九首又二首，收在乐府类内，观小引所言，盖本是拟作俗歌，取其含思婉转，有淇濮之艳，大概可以说是子夜歌之近体诗化吧。由此可知七言四句，歌咏风俗人情，稍涉俳调者，乃是竹枝正宗，但是后来引申，咏史事，咏名胜，咏方物，这样便又与古时的图赞相接连，而且篇章加多，往往凑成百篇的整数，虽然风趣较前稍差，可是种类繁富，在地志与诗集中间也自占有一部分地位了。这种书最初多称"百咏"，现存最早的著作要算是《郴江百咏》，著者阮阅，即是编《诗话总龟》的人，此书作于宋宣和中，已在今八百年前矣。元明之间所作亦不甚少，唯清初朱竹垞的《鸳鸯湖棹歌》出，乃更有名，竹枝词之盛行于世，实始于此。竹垞作《棹歌》在康熙甲寅，谭舟石和之，至乾隆甲午，陆和仲张芑堂又各和作百首，蔚成巨册，前后相去正一百年，可谓盛事。此后作者甚多，纪晓岚的《乌鲁木齐杂诗》与蔡铁耕的《吴歙百绝》，可以算是特别有意味之作。百咏之类当初大抵只是简单的诗集，偶尔有点小注或解题，后来注渐增多，不但说明本事，为读诗所必需，而且差不多成为当然必具的一部分，写得好的时候往往如读风土小记，或者比原诗还要觉得有趣味。厉惕斋著《真州竹枝词》四百首，前有小引一卷，叙述一年间风俗行事，有一万二千余言，又黄公度著《日本杂事诗》，王锡祺抄录其注为《日本杂事》一卷，刊入《小方壶斋丛抄》中，即是一例。这一类的诗集，名称或为百咏，或为杂咏，体裁多是七言绝句，亦或有用五言绝句，或五言七言律诗者，其性质则专咏古迹名胜，风俗方物，或年中行事，亦或有歌咏岁时之一段落如新年，社会之一方面如市肆或乐户情事者，但总而言之可合称之为风土诗，其以诗为乘，以史地民俗的资料为载，

○《竹枝图》元 李竹衍

则固无不同。鄙人不敢自信懂得诗，虽然如竹垞《棹歌》第十九首云：

姑恶飞鸣触晓烟，红蚕四月已三眠，白花满把蒸成露，紫椹盈筐不取钱。

这样的诗我也喜欢，但是我所更喜欢的乃是诗中所载的"土风"，这个意见在上文已经说过，现在应用于竹枝词上也还是一样的。我在《十堂笔谈》中又说：

我的本意实在是想引诱读者，进到民俗研究方面去，使这冷僻的小路上稍微增加几个行人，专门弄史地的人不必说，我们无须去劝驾，假如另外有人对于中国人的过去与将来颇为关心，便想请他们把史学的兴趣放到低的广的方面来，从读杂记的时候起离开了廊庙朝廷，多注意田野坊巷的事，渐与田夫野老相接触，从事于国民生活史之研究，此虽是寂寞的学问，却于中国有重大的意义。

散文的地理杂记太多了，暂且从缓，今先从韵文部分下手，将竹枝词等分类编订成册，所记是风土，而又是诗，或者以此二重原因，可以多得读者，但此亦未可必，姑以是为编者之一厢情愿的希望可也。

北京的风俗诗

竹枝词在文学史上自有其源流变迁,兹不具详。这本来是诗,照例应属于集部,宋朝人的郴江嘉禾各种百咏在四库总目里都收入别集内,而提要中又称其于地志考据不为无助,可见以内容论这也可以属于史部,而且或者更为适切亦未可知。但是这一类诗的性质也不完全统一,大抵可以分作三样来说。一是所咏差不多全属历史地理的性质的,较早的一部分如宋元的各种百咏,虽说是歌咏其土风之胜,实际上只是山川古迹,往往与平常怀古之诗相似,如李太白诗云,"宫女如花满春殿,至今唯有鹧鸪飞",作为越中百咏之一也是绝好的作品。二是如《四库提要》所云,踵前例而稍变其面目者,朱竹垞的《鸳鸯湖棹歌》一百首是最好的例,所谓诗情温丽固是特色,因此极为世人所重,经谭舟石、陆和仲、张文鱼诸人赓续和作,共约四百首,蔚为大观,所咏范围亦益扩大,使读者兴趣随以增加。如《棹歌》之十八云,"白花满把蒸成露,紫椹盈筐不取钱"。又五十二云,"不待上元灯火夜,徐王庙下鼓冬冬"。这里加入岁时风物的分子,都是从来所少的,这不但是好诗料,也使竹枝词扩充了领域,更是很好的事。寒斋所有又是看了觉得喜欢的,乾嘉以来有钱沃臣《蓬岛樵歌》,正续各百首,所咏事物甚众而注亦详备,蔡云《吴歈百绝》,厉秀芳《真州竹枝词》四百首,前有引万二千余言,皆专咏年中行事者,《武林新年杂咏》系吴谷人等六人合著,又用五言律诗,体例少异,却亦是此类的佳作。三是以风俗人情为主者,此种竹枝词我平常最喜欢,可是很不可多得,好的更少。这是风俗诗,平铺直叙不能讨好,拉扯故典陪衬,尤其显得陈腐,余下来的办法便只有加点滑稽味,即漫画法是也。所以这一类竹枝词说大抵是讽刺诗并无不可,不过这里要不得那酷儒莠书的一路,须得有诙谐的风趣贯串其中,这才辛辣而仍有点蜜味。可惜中国历来滑稽的文学与思想不很发达,谐诗的成绩与漫画一样的不佳,实在是无可如何的。我想道家思想本来是还博大的,他有发生这种艺术的可能,但是后来派生出来的儒法两家却很讲正经,所以结果如此也未可知。汉武帝时柏梁台联句,东方朔和郭舍人都那么开玩笑,可见其时还有这样风气,看东方朔的诫子诗,可以知道他原是道家的人。《史记·滑稽列传》中云,"太史公曰,'天道恢恢,岂不大哉,谈言微中,亦可以解纷。'"这两句话说得很好,与鄙见大抵相同。滑稽——或如近时所谓幽默的话,固然会有解纷之功用,就是在谈言微中上也自有价值,可以存在,此正是天道恢恢所以为大也。太史公所记，淳于髡与二优人皆周秦时人，褚先生所补六章中除王先生与西门豹并非滑稽外，郭舍人、东方朔即联句者，与东郭先生皆汉武时人物，此后惜无复有纪录。佛教新兴，以至禅宗成立，思想界得一解放的机缘，又以译经的便利，文章上发生一种偈体，这与语录的散文相对，都很有新的意义。在韵文方面，韵这一关终于难以打破，受了偈的影响而创造出来的还只是王梵志和寒山子的五言诗，以至牛山的志明和尚的七言绝句。正如语录文被宋朝的道学家拿了去应用一样，这种诗体也被他们拿了过去，大做其他们的说理诗，最明显的是《击壤集》著者鼎鼎大名的邵尧夫，其实就是程朱也还是脱不了这一路的影响。本来文字或思想的通用别无妨碍，不过我们这里是说滑稽的文诗，所必要的是具有博大的人情，现在却遇见这样的话，如朱晦庵骂胡澹庵的诗云，"世路无如人欲险，几人到此误平生"，能不令人索然兴尽，掷卷不欲再观。大概在这方面儒生的成绩不能及和尚，不但是创始与追随之差，实在也恐怕是人物之不相及。志明的《牛山四十屁》中有云：

秦时寺院汉时墙，破破衣衫破破床，感激开坛新长老，常将语录赐糊窗。

又云：

闲看乡人着矢棋,新兴象有过河时,马儿蹩脚由他走,我只装呆总不知。

这些诗虽不能说怎样了不得的好,总之谐诗的风格确已具备,可以作讽刺诗了,拉过来说则作风俗诗也正是恰好,问题只是在于时机而已。明朝因王阳明、李卓吾的影响,文学思想上又来了一次解放的风潮,公安派着重性灵,把道学家的劝世歌似的说理诗挽救了过来,可是他们还是抓住诗的系统,虽是口里说着"劈破玉打草竿"是真人之诗,却仍不能像和尚们摔下头巾,坦率干脆地做了异端。这风气传到清朝,在康熙的李笠翁,乾隆的郑板桥诸人上面可以看出,我曾见一册《哑然绝句诗》,是曾子六十七世孙曾衍东所作,全是板桥一派而更为彻底一点,所以也是难得。等到《文章游戏》四集的编者缪莲仙,《岂有此理》二集的作者周竹君出现,老实承认是异端,同牛山志明长老的态度一样,自做他的打油诗,不想来抢夺诗坛的交椅,这样表明之后谐诗独自的地位也可以算是立定了。单行的著作我只看到郭尧臣的《捧腹集诗抄》一卷,蔡铭周的《怪吟杂录》二卷,别的不知道还有些什么,此外则我所想说的歌咏北京风俗的竹枝词也可以算在这里边。本来各地方的竹枝词很不少,可是多自附于著作之林,大抵追随竹垞的一路,上焉者也能做到温丽地步,成为一首好绝句,其次则难免渐入于平庸窘迫,觉得还是小注较有趣味了。清代的北京竹枝词如樊文卿的《燕都杂咏》，计五言绝句三百六十余首，材料不为不丰富，可是仍用正宗的诗体咏史地的故实，正是上边的一个好例，与咏风俗的讽刺诗相去很远。可以称是风俗诗的，就鄙人所知就没有多少种。大概可以分列如下：

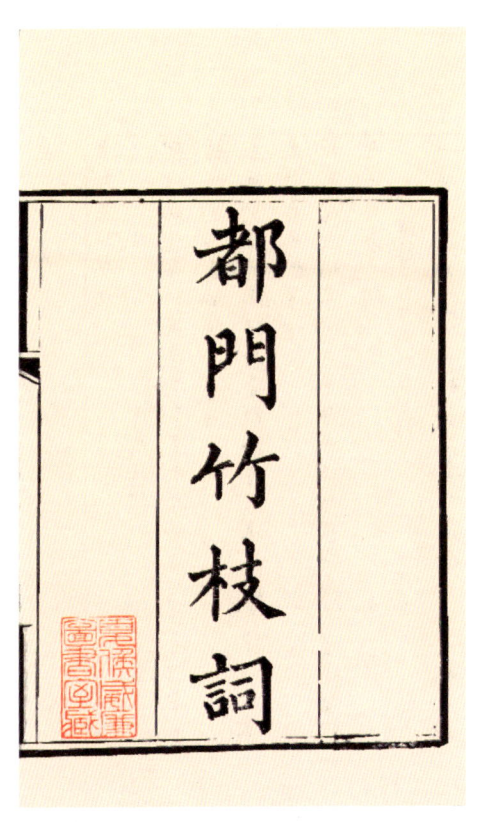

◎《都门竹枝词》

甲，杨米人著《都门竹枝词》一百首，未见，只在乙的小引中提及，大约是乾嘉间之作吧。

乙，无名氏著《都门竹枝词》八十首，嘉庆癸酉年刊，小引中说本有一百首，其二十首删去不存云。

◎《京都新竹枝词》

都門雜詠

風俗門

傳臚 　　　　靜亭

掄材天子重文章，金殿傳姓字香分導，
紅旗來謁廟滿街爭看狀元郎

覆試 　　　靜亭

幸叨主試大包容，是歲乙己合覆天下孝
廉不列等者不止十餘
人幸賴當道者援解稍減其數不似當年場屋鬆天下

○《都门杂咏》

丙，得硕亭著《京都竹枝词》一百八首，题曰《草珠一串》，序文不记年月，唯中云甲戌见竹枝词八十首，案即癸酉之次年，为嘉庆十九年也。

丁，杨静亭著《都门杂咏》一百首，序署道光二十五年（1845）即乙巳岁，原附《都门纪略》后，今所见只同治元年甲子徐永年改订本，所收除静亭原作外，又增入盛子振、王乐山、金建侯、张鹤泉四人分咏，总共二百十七首，计静亭诗有一百首，可知未曾删削，唯散编在内而已。光绪三年（1877）丁丑改出单行本，易名为《都门竹枝词》，增加三十五首，不著撰人名字，且并原本五人题名亦删去之，殊为不当，至十三年丁酉《都门纪略》改编为《朝市丛载》，照样收入，又增二十余首，则文词且欠妥适，更不足取矣。光绪后亦有新作，今不多赘。照上边所记看来，大概以乙丙两种为优，因为讽刺多轻妙，能发挥风俗诗的本领，《草珠一串》序云，《京都竹枝词》八十首不知出自谁手，大半讥刺时人时事者多，虽云讽刺，未寓箴规，匪独有伤忠厚之心，且恐蹈诽谤之罪，友人啧啧称善，余漫应之而未敢附和也。可见在癸酉甲戌当时，这讽刺觉得很锐利，作者不署名或者也由于此，到了今日已是百余年后，无从得知本事，可是感觉说得刻薄，总是真的，而这刻薄的某种程度在讽刺诗上却也是必要，所以不能一定说他不对。平心而论，此无名氏的著作比较硕亭得老夫子或者还是高出一分，也正难说。说到这里我连想起日本的讽刺诗或风俗诗来，

这叫作"川柳",在民国十二年(1923)夏天我在燕京文学会讲演过一回,其中有一节云:

川柳的讽刺大都是类型的,如荡子、迂儒、出奔、负债之类,都是所谓柳人的好资料,但其所讽刺者并不限于特殊事项,即极平常的习惯言动,也因了奇警的着眼与造句,可以变成极妙的漫画。好的川柳,其妙处全在确实地抓住情景的要点,毫不客气而又含蓄地抛掷出去,使读者感到一种小的针刺,似痛似痒的,又如吃到一点芥末,辣得眼目要出来,却刹时过去了,并不像青辣椒那么粘缠。川柳揭穿人情之机微,根本上没有什么恶意,我们看了那里所写的世相,不禁点头微笑,但一面因了这些人情弱点,或者反使人觉得人间之更为可爱,所以他的讽刺乃是乐天家的一种玩世不恭的态度,而并不是厌世者的诅咒。

上边提到东方朔,现在可以知道凡滑稽家他们原是一伙儿的。中国风俗诗或谐诗未曾像川柳似的有过一段发达的历史,要那么理想的好自然也不容易,但原则上我想总是一致的,至少我们的看法可以如此。要举出充分的例来,有点可惜珍贵的纸,姑且把别家割爱了,只引用无名氏的词本,而且只以关于书生生活为限,这就是上文所谓迂儒的一类。

如《考试》十首之一云:

水陆交驰应试来,桥头门外索钱财。
乡谈一怒人难懂,被套衣包已割开。

其二云:

惯向街头雇贵车,上车两手一齐爬。
主人拱手时辰久,靠着门旁叫腿麻。

又其三云:

短袍长褂着镶鞋,摇摆逢人便问街。
扇络不知何处去,昂头犹自看招牌。

这里把南来的考相公写得神气活现,虽然牛山和尚曾有老僧望见遍身酥之咏,对于游山相公大开玩笑,现今一比较却是后来居上多多了。又《教馆》十首亦多佳作,今录其二云:

一月三金笑口开,择期启馆托人催。
关书聘礼何曾见,自雇驴车搬进来。

其八云:

偶尔宾东不合宜，顿思逐客事离奇。
一天不送先生饭，始解东君馆已辞。

其十云:

谋得馆时盼馆开，未周一月已搬回。
通称本是教书匠，随便都能雇得来。

这诗真是到现在还有生命，凡是做过书房或学堂的先生的人谁看了都觉得难过。近年坊间颇盛行的四大便宜的俚语云，挤电车，吃大盐，贴邮票，雇教员。教书匠的名号至今存在，那么受雇解雇的事自然也是极寻常的事，这条原理不料在一百三十年前已经定下了。

替塾师诉苦的打油诗向来不少，如《捧腹集》中就有《青毡生随口曲》七绝十四首，《蒙师叹》七律十四首，可是无论处境怎样窘迫，也还不过是"栗爆偶然攒一个，内东顷刻噪如鸦"之类而已，不至于绝食示意，立刻打发走路。《随口曲》有云：

一岁修金十二千，节仪在内订从前。
适来有件开心事，代笔叨光夹百钱。（原注云，市语以二百为夹百。)

乡馆从来礼数宽,短衫单裤算衣冠。
燥脾第一新凉候,赤脚蓬头用午餐。
最难得是口头肥,青菜千张又粉皮。
闻说明朝将庠溇,可能晚膳有鳑鲏。

这样看来,塾师生活里也还有点有趣的地方,不似都门教馆的一味暗淡,岂海宁州的境况固较佳乎,理或有之,却亦未敢断言也。

风俗学

我带着对风俗学的热爱和敬意,姗姗而来。

我的杂学[1]

（一）《我的杂学》引言

小时候读《儒林外史》，后来多还记得，特别是关于批评马二先生的话。第四十九回高翰林说：

若是不知道揣摩，就是圣人也是不中的。那马先生讲了半生，讲的都是些不中的举业。

又第十八回举人卫体善卫先生说：

他终日讲的是杂学。听见他杂览到是好的，于文章的理法

---

1 《我的杂学》共二十篇，各篇本来只有序号，未加题目，后收入《知堂随想录》时，才由作者逐篇加题。

他全然不知，一味乱闹，好墨卷也被他批坏了。

这里所谓文章是说八股文，杂学是普通诗文，马二先生的事情本来与我水米无干，但是我看了总有所感，仿佛觉得这正是说着我似的。我平常没有一种专门的职业，就只喜欢涉猎闲书，这岂不便是道地的杂学，而且又是不中的举业，大概这一点是无可疑的。我自己所写的东西好坏自知，可是听到世间的是非褒贬，往往不尽相符，有针小棒大之感，觉得有点奇怪，到后来却也明白了。人家不满意，本是极当然的，因为讲的是不中的举业，不知道揣摩，虽圣人也没有用，何况我辈凡人。至于说好的，自然要感谢，其实也何尝真有什么长处，至多是不大说诳，以及所说多本于常识而已。假如这常识可以算是长处，那么这正是杂览应有的结果，也是当然的事，我们断章取义地借用卫先生的话来说，所谓杂览到是好的也。这里我想把自己的杂学简要地记录一点下来，并不是什么敝帚自珍，实在也只当作一种读书的回想云尔。

（二）古文

日本旧书店的招牌上多写着"和汉洋书籍"云云，这固然是店铺里所有的货色，大抵读书人所看的也不出这范围，所以可以说是很能概括的了。现在也就仿照这个意思，从汉文讲起头来。

我开始学汉文，还是在甲午以前，距今已是五十余年，其时读书盖专为应科举的准备，终日念四书五经以备作八股文，中午习字，傍晚对课以备作试帖诗而已。鲁迅在辛亥曾戏作小说，假定篇名曰《怀旧》，其中略述书房情状，先生讲《论语》"志于学"章，教属对，题曰"红花"，对"红花"不协，先生代对曰"绿草"，又曰，红平声，花平声，绿入声，草上声，则教以辨四声也。此种事情本甚寻常，唯及今提及，已少有知者，故亦不失为值得记录的好资料。我的运气是，在书房里这种书没有读透。我记得在十一岁时还在读"上中"，即是《中庸》的上半卷，后来陆续将经书勉强读毕，八股文凑得起三四百字，可是考不上一个秀才，成绩可想而知。语云，祸兮福所倚。举业文没有弄成功，但我因此认得了好些汉字，慢慢能够看书，能够写文章，就是说把汉文却是读通了。

汉文读通极是普通，或者可以说在中国人正是当然的事，不过这如从举业文中转过身来，它会附随着两种臭味，一是道学家气，一是八大家气，这都是我所不大喜欢的。本来道学这东西没有什么不好，但发现在人间便是道学家，往往假多真少，世间早有定评，我也多所见闻，自然无甚好感。家中旧有一部浙江官书局刻方东树的《汉学商兑》，读了很是不愉快，虽然并不因此被激到汉学里去，对于宋学却起了反感，觉得这么度量褊窄，性情苛刻，就是真道学也有何可贵，倒还是不去学他好。还有一层，我总觉得清朝之讲宋学，是与科举有密切关系的，读书人标榜道学作为求富贵的手段，与跪拜颂扬等等形式不同而作用则一。这些恐怕都是个人的偏见也未可知，总之这样使我脱离了一头羁绊，于后来对于好些事情的思索上有

◎ 安越堂平氏校本《古文观止》

不少的好处。

八大家的古文在我感觉也是八股文的长亲,其所以为世人所珍重的最大理由我想即在于此。我没有在书房学过念古文,所以摇头朗诵像唱戏似的那种本领我是不会的。最初只自看《古文析义》,事隔多年几乎全都忘了。近日拿出安越堂平氏校本《古文观止》来看,明了地感觉唐以后文之不行,这样说虽有似明七子的口气,但是事实无可如何。韩柳的文章至少在选本里所收的,都是些《宦乡要则》里的资料,士子做策论,官幕办章奏书启,是很有用的,以文学论不知道好处在哪里。念起来声调好,那是实在的事,但是我想这正是属于八股文一类的证据吧。读前六卷的所谓周秦文以至汉文,总是华实兼具,态度也安详沉着,没有那种奔竞躁进气,此盖为科举制度时代所特有,韩柳文勃兴于唐,盛行至于今日,即以此故,此又一段落也。不佞因为书房教育受得不充分,所以这一关也逃过了,至今想起来还觉得很侥幸。假如我学了八大家文来讲道学,那是道地的正统了,这篇谈杂学的小文也就无从写起了。

(三)小说与读书

我学国文的经验,在十八九年前曾经写了一篇小文,约略说过。中有云,经可以算读得也不少了,虽然也不能算多,但是我总不会写,也看不懂书,至于礼教的精义尤其茫然,干脆一句话，以前所读的书于我无甚益处，后来的能够略写文字，及养成一种道德观念，乃是全从别的方面来的。

关于道德思想将来再说，现在只说读书，即是看了纸上的文字懂得所表现的意思，这种本领是怎么学来的呢。简单地说，这是从小说看来的。大概在十三至十五岁，读了不少的小说，好的坏的都有，这样便学会了看书。由《镜花缘》《儒林外史》《西游记》《水浒传》等渐至《三国演义》，转到《聊斋志异》，这是从白话转入文言的径路。教我懂文言，并略知文言的趣味者，实在是这《聊斋》，并非什么经书或是《古文析义》之流。《聊斋志异》之后，自然是那些《夜谈随录》《淞隐漫录》等的"假聊斋"，一变而转入《阅微草堂笔记》，这样，旧派文言小说的两派都已经入门，便自然而然地跑到《唐代丛书》里边去了。这种经验大约也颇普通，嘉庆时人郑守庭的《燕窗闲话》中也有相似的记录，其一节云：

予少时读书易于解悟，乃自旁门入。忆十岁随祖母祝寿于西乡顾宅，阴雨兼旬，几上有《列国志》一部，翻阅之，解仅数语，阅三四本后解者渐多，复从头翻阅，解者大半。归家后即借说部之易解者阅之，解有八九。除夕侍祖母守岁，竟夕阅《封神传》半部，《三国志》半部，所有细评无暇详览也。后读《左传》，其事迹已知，但于字句有不明者，讲说时尽心谛听，由是阅他书益易解矣。

不过我自己的经历不但使我了解文义,而且还指引我读书的方向,所以关系也就更大了。

《唐代丛书》因为板子都欠佳,至今未曾买好一部,我对于它却颇有好感,里边有几种书还是记得,我的杂览可以说是从那里起头的。小时候看见过的书,虽本是偶然的事,往往留下很深的印象,发生很大的影响。《尔雅音图》《毛诗品物图考》《毛诗草木疏》《花镜》《笃素堂外集》《金石存》《剡录》,这些书大抵并非精本,有的还是石印,但是至今记得,后来都搜得收存,兴味也仍存在。说是幼年的书全有如此力量么,也并不见得,可知这里原是也有别择的。《聊斋》与《阅微草堂》是引导我读古文的书,可是后来对于前者我不喜欢它的词章,对于后者讨嫌它的义理,大有得鱼忘筌之意。《唐代丛书》是杂学入门的课本,现在却亦不能举出若干心喜的书名,或者上边所说《尔雅音图》各书可以充数,这本不在丛书中,但如说是已从《唐代丛书》养成的读书兴味,在丛书之外别择出来的中意的书,这说法也是可以的吧。

这个非正宗的别择法一直维持下来,成为我搜书看书的准则。这大要有八类:一是关于《诗经》《论语》疏注之类。二是小学书,即《说文解字》《尔雅》《方言》之类。三是文化史料类,非志书的地志,特别是关于岁时风土物产者,如《梦忆》《清嘉录》,又关于乱事如《思痛记》,关于倡优如《板桥杂记》等。四是年谱、日记、游记、家训、尺牍类,最著的例如《颜氏家训》《入蜀记》等。五是博物书类，即《农书》《本草》，《诗疏》《尔雅》各本亦与此有关系。六是笔记类，范围甚广，子部杂家大部分在内。七是佛经之一部，特别是旧译《譬喻》《因缘》《本生》各经，大小乘戒律，代表的语录。八是乡贤著作。我以前常说看闲书代纸烟，这是一句半真半假的话，我说闲书，是对于新旧各式的八股文而言，世间尊重八股是正经文章，那么我这些当然是闲书罢了，我顺应世人这样客气地说，其实在我看来原都是很重要极严肃的东西。重复说一句，我的读书是非正统的，因此常为世人所嫌憎，但是自己相信其所以有意义处亦在于此。

（四）古典文学

古典文学中我很喜欢《诗经》，但老实说也只以"国风"为主，"小雅"但有一部分耳。说《诗》不一定固守"小序"或"集传"，平常适用的好本子却难得，有早印的扫叶山庄陈氏本《诗毛氏传疏》，觉得很可喜，时常拿出来翻看。陶渊明诗向来喜欢，文不多而均极佳，安化陶氏本最便用，虽然两种刊板都欠精善。此外的诗，以及词曲，也常翻读，但是我知道不懂得诗，所以不大敢多看多说。骈文也颇爱好，虽然能否比诗多懂得原是疑问，阅孙隘庵的《六朝丽指》却很多同感，仍不敢贪多,《六朝文絜》及黎氏笺注常备在座右而已。伍绍棠跋《南北朝文钞》云,南北朝人所著书多以骈俪行之,亦均质雅可诵。此语真实,唯诸书中我所喜者为《洛阳伽蓝记》《颜氏家训》,此他虽皆是篇章之珠泽,文采之邓林,如《文心雕龙》与《水经注》,终苦其太专门,不宜于闲看也。以上就唐以前书举几个例,表明个人的偏好,大抵于文字之外看重所表现的气象与性情,自从韩愈文起八代之衰以后,便没有这种文字,加以科举的影响,后来即使有佳作,也总是质地薄,分量轻,显得是病后的体质了。

至于思想方面,我所受的影响又是别有来源的。笼统地说一句,我自己承认是属于儒家思想的,不过这儒家的名称是我所自定,内容的解说恐怕与一般的意见很有些不同的地方。我想中国人的思想是重在适当地做人,在儒家讲仁与中庸正与之相同,用这名称似无不合。其实这正因为孔子是中国人,所以如此,并不是孔子设教传道,中国人乃始变为儒教徒也。儒家最重的是仁,但是智与勇二者也很重要,特别是在后世儒生成为道士化、禅和子化、差役化,思想混乱的时候,须要智以辨别,勇以决断,才能截断众流,站立得住。这一种人在中国却不易找到,因为这与君师的正统思想往往不合,立于很不利的地位,虽然对于国家与民族的前途有极大的价值。上下古今自汉至于清代,我找到了三个人,这便是王充、李贽、俞正燮,是也。王仲任的疾虚妄的精神,最显著地表现在《论衡》上,

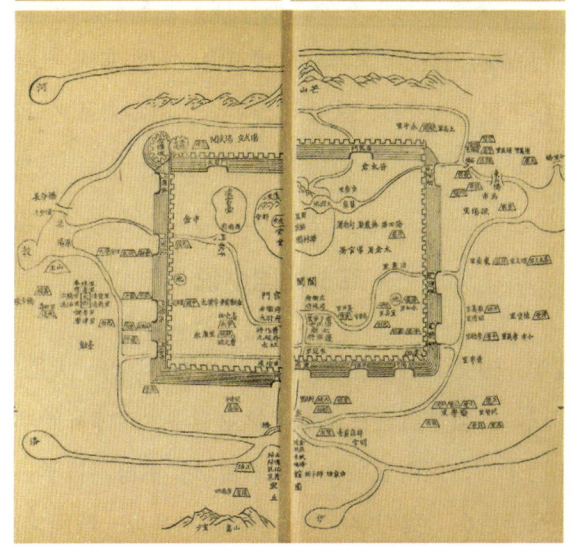

○《洛阳伽蓝记》

其实别的两人也是一样，李卓吾在《焚书》与《初潭集》，俞理初在《癸巳类稿》《存稿》上所表示的，正是同一的精神。他们未尝不知道多说真话的危险，只因通达物理人情，对于世间许多事情的错误不实看得太清楚，忍不住要说，结果是不讨好，却也不在乎。这种爱真理的态度是最可宝贵，学术思想的前进就靠此力量，只可惜在中国历史上不大多见耳。我尝称他们为中国思想界之三盏灯火，虽然很是辽远微弱，在后人却是贵重的引路的标识。太史公曰，"高山仰止，景行行止，虽不能至，然心向往之。"对于这几位先贤我也正是如此，学是学不到，但疾虚妄，重情理，总作为我们的理想，随时注意，不敢不勉。古今笔记所见不少，披沙拣金，千不得一，不足言劳，但苦寂寞。民国以来号称思想革命，而实亦殊少成绩，所知者唯蔡孑民、钱玄同二先生可当其选，但多未著之笔墨，清言既绝，亦复无可征考，所可痛惜也。

（五）外国小说

我学外国文，一直很迟，所以没有能够学好，大抵只可看看书而已。光绪辛丑进江南水师学堂当学生，才开始学英文，其时年已十八，至丙辰被派往日本留学，不得不再学日本文，则又在五年后矣。我们学英文的目的为的是读一般理化及机器书籍，所用课本最初是《华英初阶》以至《进阶》，参考书是考贝纸印的《华英字典》，其幼稚可想，此外西文还有什么可看的书全不知道。许多前辈同学毕业后把这几本旧书抛弃净尽，虽然英语不离嘴边，再也不一看横行的书本，正是不足怪的事。

我的运气是同时爱看新小说，因了林氏译本知道外国有司各得[1]、哈葛德[2]这些人，其所著书新奇可喜，后来到东京又见西书易得，起手买一点来看，从这里得到了不少的益处。不过我所读的却并不是英文学，只是借了这文字的媒介杂乱地读些书，其一部分是欧洲弱小民族的文学。当时日本有长谷川二叶亭与升曙梦专译俄国作品，马场孤蝶多介绍大陆文学，我们特别感到兴趣，一面又因《民报》在东京发刊，中国革命运动正在发达，我们也受了民族思想的影响，对于所谓被损害与侮辱的国民的文学更比强国的表示尊重与亲近。这里边，波兰、芬兰、匈加利、新希腊等最是重要，俄国其时也正在反抗专制，虽非弱小而亦被列入。那时影响至今尚有留存的，即是我的对于几个作家的爱好，俄国的果戈理与伽尔洵[3]，波兰的显克威支，虽然有时可以十年不读，但心里还是永不忘记。陀思妥也夫斯奇[4]也极是佩服，可是有点敬畏，向来不敢轻易翻动，也就较为

---

1 即沃尔特·司各特（1771—1832），英国著名小说家和诗人。
2 即亨利·莱特·哈葛德（1856—1925），英国著名浪漫主义文学大师。
3 即迦尔洵（1855—1888），以短篇小说见长。
4 即陀思妥耶夫斯基（1821—1881），俄国作家，19世纪俄罗斯最重要的文学家之一。

○《华英字典》内页

疏远了。摩斐耳的《斯拉夫文学小史》，克罗巴金[1]的《俄国文学史》，勃兰特思[2]的《波兰印象记》，赖息的《匈加利文学史论》，这些都是四五十年前的旧书，于我却是很有情分。回想当日读

---

1 即克鲁泡特金（1842—1921），俄国革命者和地理学家，无政府主义的前卫理论家。
2 疑为格奥尔格·布兰德斯，生卒年不详。

书的感激，历历如昨日，给予我的好处亦终未亡失。只可惜我未曾充分利用，小说前后译出三十几篇，收在两种短篇集内，史传批评则多只读过独自怡悦耳。

但是这也总之不是徒劳的事，民国六年（1917）来到北京大学，被命讲授欧洲文学史，就把这些拿来做底子，而这以后七八年间的教书，督促我反复地查考文学史料，这又给我做了一种训练。我最初只是关于古希腊与十九世纪欧洲文学的一部分有点知识，后来因为要教书编讲义，其他部分须得设法补充，所以起头这两年虽然只担任六小时功课，却真是日不暇给，查书写稿之外几乎没有别的事情可做。可是结果并不满意，讲义印出了一本，十九世纪这一本终于不曾付印，这门功课在几年之后也停止了。凡文学史都不好讲，何况是欧洲的，那几年我知道自误误人的确不浅，早早中止还是好的，至于我自己实在却仍得着好处，盖因此勉强读过多少书本，获得一般文学史的常识，至今还是有用，有如教练兵操，本意在上阵，后虽不用，而此种操练所余留的对于体质与精神的影响则固长存在，有时亦觉得颇可感谢者也。

（六）希腊神话

从西文书中得来的知识，此外还有希腊神话。说也奇怪，我在学校里学过几年希腊文,近来翻译亚坡罗陀洛思[1]的神话集,觉得这是自己的主要工作之一,可是最初之认识与理解希腊神话却是全从英文的著作出来的。我到东京的那年,买得该莱[2]的《英文学中之古典神话》,随后又得到安特路朗[3]的两本《神话仪式与宗教》,这样便使我与神话发生了关系。当初听说要懂西洋文学须得知道一点希腊神话,所以去找一两种参考书来看,后来对于神话本身有了兴趣,便又去别方面寻找,于是在神话集方面有了亚坡罗陀洛思的原典,福克斯与洛士[4]各人的专著,论考方面有哈理孙[5]女士的《希腊神话论》以及宗教各书。安特路朗的则是神话之人类学派的解说,我又从这里引起对于文化人类学的趣味来的。

世间都说古希腊有美的神话,这自然是事实,只须一读就会知道,但是其所以如此又自有其理由,这说起来更有意义。古代埃及与印度也有特殊的神话,其神道多是鸟头牛首,或者是三头六臂,形状可怕,事迹亦多怪异,始终没有脱出宗教的

---

[1] 即阿波罗多洛斯,约生活于公元前1世纪的古罗马共和国时期。

[2] 疑为查尔斯·米尔斯·盖雷(1858—1932),美国加州大学英语语言文学教授。

[3] 即安德鲁·朗格(1844—1912),英国著名文学家、历史学家、诗人、民俗学家。

[4] 即洛兹,具体不详。

[5] 即简·艾伦·哈里森(1850—1928),西方古典学历史上里程碑式人物,维多利亚时代的文坛女杰。

区域，与艺术有一层的间隔。希腊的神话起源本亦相同，而逐渐转变，因为如哈理孙女士所说，希腊民族不是受祭司支配而是受诗人支配的，结果便由他们把那些都修造成为美的影像了。"这是希腊的美术家与诗人的职务，来洗除宗教中的恐怖分子，这是我们对于希腊的神话作者的最大的负债。"

我们中国人虽然以前对于希腊不曾负有这项债务，现在却该奋发去分一点过来，因为这种希腊精神即使不能起死回生，也有返老还童的力量，在欧洲文化史上显然可见。对于现今的中国，因了多年的专制与科举的重压，人心里充满着丑恶与恐怖而日就萎靡，这种一阵清风似的被除力是不可少，也是大有益的。

我从哈理孙女士的著书得悉希腊神话的意义，实为大幸，只恨未能尽力介绍。亚坡罗陀洛思的书译毕，注释恐有三倍的多，至今未曾续写。此外还该有一册通俗的故事，自己不能写，翻译更是不易。劳斯博士于一九三四年著有《希腊的神与英雄与人》。他本来是古典学者，文章写得很有风趣，在一八九七年译过《新希腊小说集》，序文名曰《在希腊诸岛》，对于古旧的民间习俗颇有理解，可以算是最适任的作者了，但是我不知怎的觉得这总是基督教国人写的书，特别是在通俗的为儿童用的，这与专门书不同，未免有点不相宜，未能决心去译它，只好且放下。我并不一定以希腊的多神教为好，却总以为它的改教可惜，假如希腊能像中国、日本那样，保存旧有的宗教道德，随时必要地加进些新分子，有如佛教、基督教之在东方，调和地发展下去，岂不更有意思。不过已经过去的事是没有办法了，照现在的事情来说，在本国还留下些生活的传统，劫余的学问艺文在外国甚被宝重，一直研究传播下来，总是很好的了。我们想要讨教，不得不由基督教国去转手，想来未免有点别扭，但是为希腊与中国再一计量，现在得能如此也已经是可幸的事了。

（七）神话学与安特路朗

安特路朗是个多方面的学者文人，他的著书很多，我只有其中的文学史及评论类、古典翻译介绍类、童话儿歌研究类，最重要的是神话学类。此外也有些杂文，但是如《垂钓漫录》以及诗集却终于未曾收罗。这里边于我影响最多的是神话学类中之《习俗与神话》《神话仪式与宗教》这两部书，因为我由此知道神话的正当解释，传说与童话的研究也于是有了门路了。

十九世纪中间欧洲学者以言语之病解释神话，可是这里有个疑问，假如亚里安族神话起源由于亚利安族言语之病，那么这是很奇怪的，为什么在非亚里安族言语通行的地方也会有相像的神话存在呢。在语言系统不同的民族里都有类似的神话传说，说这神话的起源都由于言语的传讹，这在事实上是不可能的。言语学派的方法既不能解释神话里的荒唐不合理的事件，人类学派乃代之而兴，以类似的心理状态发生类似的行为为解说，大抵可以得到合理的解决。这最初称之曰民俗学的方法，在《习俗与神话》中曾有说明，其方法是，如在一国见有显是荒唐怪异的习俗，要去找到别一国，在那里也有类似的习俗，但是在那里不特并不荒唐怪异，却正与那人民的礼仪思想相合。对于古希腊神话也是用同样的方法，取别民族类似的故事来做比较，以现在尚有存留的信仰推测古时已经遗忘的意志，大旨可以明了，盖古希腊人与今时某种土人其心理状态有类似之处，即由此可得到类似的神话传说之意义也。

《神话仪式与宗教》第三章以下论野蛮人的心理状态，约举其特点有五，即：一万物同等，均有生命与知识；二信法术；三信鬼魂；四好奇；五轻信。根据这里的解说，我们已不难了解神话传说以及童话的意思，但这只是入门，使我更知道得详细一点的，还靠了别的两种书，即是哈忒兰[1]的《童话之科学》与麦扣洛克[2]的《小说之童年》。《童话之科学》第二章论野蛮人思想，差不多大意相同，全书分五目九章详细叙说，《小说之童年》副题即云"民间故事与原始思想之研究"，分四类十四目，更为详尽，虽出版于一九〇五年，却还是此类书中之

1　即埃德温·哈特兰（1848—1927），英国律师和教育工作者，又是著名的童话作家。
2　疑为马克·布洛赫（1886—1944），法国历史学家。

白眉，夷亚斯莱在二十年后著《童话之民俗学》，亦仍不能超出其范围也。

神话与传说、童话源出一本，随时转化，其一是宗教的，其二则是史地类，其三属于艺文，性质稍有不同，而其解释还是一样，所以能读神话而遂通童话，正是极自然的事。麦扣洛克称其书曰《小说之童年》，即以民间故事为初民之小说，犹之朗氏谓说明的神话是野蛮人的科学，说的很有道理。我们看这些故事，未免因了考据癖要考察其意义，但同时也当作艺术品看待，得到好些悦乐。这样我就又去搜寻各种童话，不过这里的目的还是偏重在后者，虽然知道野蛮民族的也有价值，所收的却多是欧亚诸国，自然也以少见为贵，如土耳其、哥萨克、俄国等。法国贝洛耳、德国格林兄弟所编的故事集，是权威的著作，我所有的又都有安特路朗的长篇引论，很是有用，但为友人借看，带到南边去了，现尚无法索还也。

（八）文化人类学

我因了安特路朗的人类学派的解说，不但懂得了神话及其同类的故事，而且也知道了文化人类学，这又称为"社会人类学"，虽然本身是一种专门的学问，可是这方面的一点知识于读书人很是有益，我觉得也是颇有趣味的东西。在英国的祖师是泰勒[1]与拉薄克[2],所著《原始文明》与《文明之起源》都是有权威的书,泰勒又有《人类学》,也是一册很好的入门书,虽是一八八一年的初版,近时却还在翻印,中国广学会曾经译出,我于光绪丙午在上海买到一部,不知何故改名为《进化论》,又是用有光纸印的,未免可惜,后来恐怕也早绝版了。但是于我最有影响的还是那《金枝》的有名的著者茀来则[3]博士。社会人类学是专研究礼教习俗这一类的学问,据他说研究有两方面:其一是野蛮人的风俗思想,其二是文明国的民俗。盖现代文明国的民俗大多即是古代蛮风之遗留,也即是现今野蛮风俗的变相,因为大多数的文明衣冠的人物在心里还依旧是个野蛮。因此这比神话学用处更大,他所讲的包括神话在内,却更是广大,有些我们平常最不可解的神圣或猥亵的事项,经那么一说明,神秘的面幕倏尔落下,我们懂得了的时候不禁微笑,这是同情的理解,可是威严的压迫也就解消了。这于我们是很好、很有益的,虽然于假道学的传统未免要有点不利,但是此种学问在以伪善著称的西国发达,未见有何窒碍,所以在我们中庸的国民中间,能够多被接受本来是极应该的吧。

---

1 即爱德华·泰勒(1832—1917),英国人类学家,被尊称为"人类学之父",是进化派和人类学派的经典作家。
2 即约翰·拉伯克,生卒年不详,英国考古学家、博物学家、银行家。
3 即詹姆斯·乔治·弗雷泽(1854—1941),英国著名的人类学家和民俗学家。

弗来则的著作除《金枝》这一流的大部著书五部之外，还有若干种的单册及杂文集，他虽非文人而文章写得很好，还颇像安特路朗，对于我们非专门家而想读他的书的人是很大的一个便利。他有一册《普须该的工作》，是四篇讲义，专讲迷信的，觉得很有意思，后来改名曰《魔鬼的辩护》，日本已有译本在《岩波文库》中，仍用它的原名，又其《金枝》节本亦已分册译出。弗来则夫人所编《金枝上的叶子》又是一册启蒙读本，读来可喜又复有益，我在《夜读抄》中写过一篇介绍，却终未能翻译，这于今也已是十年前事了。

此外还有一位原籍芬兰而寄居英国的威思忒玛克[1]教授，他的大著《道德观念起源发达史》两册，于我影响也很深。弗来则在《金枝》第二分序言中曾说明各民族的道德与法律均常在变动，不必说异地异族，就是同地同族的人，今昔异时，其道德观念与行为亦遂不同。威思忒玛克的书便是阐明这道德的流动的专著，使我们确实明了地知道了道德的真相，虽然因此不免打碎了些五色玻璃似的假道学的摆设，但是为生与生生而有的道德的本义则如一块水晶，总是明澈地看得清楚了。我写文章往往牵引到道德上去，这些书的影响可以说是原因之一部分，虽然其基本部分还是中国的与我自己的。威思忒玛克的专门巨著还有一部《人类婚姻史》，我所有的只是一册小史，又

---

[1] 即爱德华·亚历山大·韦斯特马克（1862—1939），芬兰著名人类学家、社会学家。

《六便士丛书》中有一种曰《结婚》，只是八十页的小册子，却很得要领。同丛书中也有哈理孙女士的一册《希腊罗马神话》，大抵即根据《希腊神话论》所改写者也。

（九）生物学

我对于人类学稍有一点兴味，这原因并不是为学，大抵只是为人，而这人的事情也原是以文化之起源与发达为主。但是人在自然中的地位，如严几道古雅的译语所云"化中人位"，我们也是很想知道的，那么这条路略一拐弯便又一直引到进化论与生物学那边去了。

关于生物学我完全只是乱翻书的程度，说得好一点也就是涉猎，据自己估价不过是受过普通教育的学生应有的知识，此外加上多少从杂览来的零碎资料而已。但是我对于这一方面的爱好，说起来原因很远，并非单纯地为了化中人位的问题而引起的。我在上文提及，以前也写过几篇文章讲到，我所喜欢的旧书中有一部分是关于自然名物的，如《毛诗草木疏》及《广要》，《毛诗品物图考》《尔雅音图》及郝氏《义疏》，汪曰桢《湖雅》，《本草纲目》《野菜谱》《花镜》《百廿虫吟》等。照时代来说，除《毛诗》《尔雅》诸图外最早看见的是《花镜》，距今已将五十年了，爱好之心却始终未变，在康熙原刊之外还买了一部日本翻本，至今也仍时时拿出来看。看《花镜》的趣

◎《尔雅》

味,既不为的种花,亦不足为作文的参考,在现今说与人听,是不容易领解,更不必说同感的了。因为最初有这种兴趣,后来所以牵连开去,应用在思想问题上面,否则即使为得要了解化中人位,生物学知识很是重要,却也觉得麻烦,懒得去动手了吧。

外国方面认得怀德的博物学的通信集最早，就是世间熟知的所谓《色耳彭的自然史》，此书初次出版还在清乾隆五十四年，至今重印不绝，成为英国古典中唯一的一册博物书。但是近代的书自然更能供给我们新的知识，于目下的问题也更有关系，这里可以举出汤木孙[1]与法勃耳[2]二人来，因为他们于学问之外都能写得很好的文章，这于外行的读者是颇有益处的。汤木孙的英文书收了几种，法勃耳的《昆虫记》只有全集日译三种，英译分类本七八册而已。我在民国八年（1919）写过一篇《祖先崇拜》，其中曾云，我不信世上有一部经典，可以千百年来当人类的教训的，只有记载生物的生活现象的比阿洛支[3]出，才可供我们参考，定人类行为的标准。这也可以翻过来说，经典之可以作教训者，因其合于物理人情，即是由生物学通过之人生哲学，故可贵也。

我们听法勃耳讲昆虫的本能之奇异，不禁感到惊奇，但亦由此可知焦理堂言生与生生之理，圣人不易，而人道最高的仁亦即从此出。再读汤木孙谈落叶的文章，每片树叶在将落之前，必先将所有糖分叶绿等贵重成分退还给树身，落在地上又经蚯蚓运入土中，化成植物性壤土，以供后代之用。在这自然的经济里可以看出别的意义，这便是树叶的忠荩，假如你要谈教训

---

[1] 疑为威廉·汤姆孙（1824—1907），英国物理学家。
[2] 即让-亨利·卡西米尔·法布尔（1823—1915），法国昆虫学家、文学家。
[3] 生物学，生物特性，生物现象。

的话。《论语》里有"小子何莫学夫诗"一章，我很是喜欢，现在倒过来说，多识于鸟兽草木之名，可以兴，可以观，可以群，可以怨，迩之事父，远之事君，觉得也有新的意义，而且与事理也相合，不过事君或当读作尽力国事而已。说到这里话似乎有点硬化了，其实这只是推到极端去说，若是平常我也还只是当闲书看，派克洛夫忒所著的《动物之求婚》与《动物之幼年》二书，我也觉得很有意思，虽然并不一定要去寻求什么教训。

（十）儿童文学

民国十六年（1927）春间我在一篇小文中曾说，我所想知道一点的都是关于野蛮人的事，一是古野蛮，二是小野蛮，三是文明的野蛮。一与三是属于文化人类学的，上文约略说及，这其二所谓小野蛮乃是儿童。因为照进化论讲来，人类的个体发生原来和系统发生的程序相同，胚胎时代经过生物进化的历程，儿童时代又经过文明发达的历程，所以幼稚这一段落正是人生之蛮荒时期。我们对于儿童学的有些兴趣，这问题差不多可以说是从人类学连续下来的。自然大人对于小儿本有天然的情爱，有时很是痛切，日本文中有儿烦恼一语，最有意味。庄子又说圣王用心，嘉孺子而哀妇人，可知无间高下人同此心。不过于这主观的慈爱之上又加以客观的了解，因而成立儿童学这一部门，乃是极后起的事，已在十九世纪的后半了。

我在东京的时候得到高岛平三郎编《歌咏儿童的文学》及所著《儿童研究》，才对于这方面感到兴趣。其时儿童学在日本也刚开始发达，斯丹莱贺耳博士在西洋为斯学之祖师，所以后来参考的书多是英文的，塞来的《儿童时期之研究》虽已是古旧的书，我却很是珍重，至今还时常想起。以前的人对于儿童多不能正当理解，不是将他当作小形的成人，期望他少年老成，便将他看作不完全的小人，说小孩懂得什么，一笔抹杀，不去理他。现在才知道儿童在生理、心理上虽然和大人有点不同，但他仍是完全的个人，有他自己内外两面的生活。这是我们从儿童学所得来的一点常识，假如要说救救孩子，大概都应以此为出发点的。

自己惭愧于经济政治等无甚知识，正如讲到妇女问题时一样，未敢多说。这里与我有关系的还只是儿童教育里一部分，即是童话与儿歌。在二十多年前我写过一篇《儿童的文学》，引用外国学者的主张，说儿童应该读文学的作品，不可单读那些商人们编撰的读本，念完了读本虽然认识了字，却不会读书，因为没有读书的趣味。幼小的儿童不能懂名人的诗文，可以读童话，唱儿歌，此即是儿童的文学。正如在《小说之童年》中所说，传说故事是文化幼稚时期的小说，为古人所喜欢，为现时野蛮民族与乡下人所喜欢，因此也为小孩们所喜欢，是他们共通的文学，这是确实无疑的了。

这样话又说了回来，回到当初所说的小野蛮的问题上面，本来是我所想要知道的事情，觉得去费点心稍为查考也是值得的。我在这里至多也只把小朋友比做红印度人，记得在贺耳[1]派的论文中，有人说小孩害怕毛茸茸的东西和大眼睛，这是因为森林生活时恐怖之遗留，似乎说的新鲜可喜。又有人说，小孩爱弄水乃是水栖生活的遗习，却不知道究竟如何了。弗洛伊特[2]的心理分析应用于儿童心理，颇有成就。曾读瑞士波都安[3]所著书，有些地方觉得很有意义，说明希腊肿足王[4]的神话最为确实，盖此神话向称难解，如依人类学派的方法亦未能解释清楚者也。

（十一）性的心理

性的心理，这于我益处很大，我平时提及总是不惜表示感谢的。从前在论自己的文章一文中曾云：

> 我的道德观恐怕还当说是儒家的，但左右的道与法两家也都有点参合在内，外边又加了些现代科学常识，如生物学、人类学以及性的心理，而这么一点在我更为重要。古人有面壁悟

---

1 即克拉克·赫尔（1884—1952），美国新行为主义心理学家。
2 即西格蒙德·弗洛伊德（1856—1939），精神病医师、心理学家、精神分析学派创始人。
3 即查理·波者安，生卒年不详，在心理分析学上以《暗示与自我暗示》等作品闻名。
4 俄狄浦斯王。

道的，或是看蛇斗蛙跳懂得写字的道理，我却从妖精打架上想出道德来，恐不免为傻大姐所窃笑吧。

本来中国的思想在这方面是健全的，如《礼记》上说，饮食男女，人之大欲存焉。又庄子设为尧舜问答，嘉孺子而哀妇人，为圣王之所用心，气象很是博大。但是后来文人堕落，渐益不成话，我曾武断地评定，只要看他关于女人或佛教的意见，如通顺无疵，才可以算作甄别及格，可是这是多么不容易呀。近四百年中也有过李贽、王文禄、俞正燮诸人，能说几句合于情理的话，却终不能为社会所容认。俞君生于近世，运气较好，不大挨骂，李越缦只嘲笑他说，颇好为妇人出脱，语皆偏谲，似谢夫人所谓出于周姥者。这种出于周姥似的意见实在却极是难得，荣启期生为男子身，但自以为幸耳，若能知哀妇人而为之代言，则已得圣王之心传，其贤当不下于周公矣。

我辈生在现代的民国，得以自由接受性心理的新知识，好像是拿来一节新树枝接在原有思想的老干上去，希望能够使他强化，自然发达起来，这个前途辽远，一时未可预知，但于我个人总是觉得颇受其益的。这主要的著作当然是霭理斯[1]的《性

---

[1] 霭理斯，即亨利·哈夫洛克·霭理士（1859—1939）。19世纪末至20世纪初英国著名的性心理学家、思想家、作家和文艺评论家。是性心理学研究的先驱，具有开拓意义的思想家。在哲学、宗教、社会学、美学和文学批评上的成就令人刮目相看，为冲破和摆脱宗教、道德和习俗对人类思想的禁锢发挥了重要的作用。

◎ 霭理斯

的心理研究》，此书第一册在一八九八年出版，至一九一〇年出第六册，算是全书完成了；一九二八年续刊第七册，仿佛是补遗的性质。一九三三年即民国二十二年，霭理斯又刊行了一册简本《性的心理》，为"现代思想的新方面丛书"之一，其时著者盖已是七十四岁了。我学了英文，既不读莎士比亚，不见得有什么用处，但是可以读霭理斯的原著，这时候我才觉得，当时在南京那几年洋文讲堂的功课可以算是并不白费了。

性的心理给予我们许多事实与理论，这在别的性学大家如福勒耳、勃洛赫、鲍耶尔、凡特威耳特诸人的书里也可以得到，可是那从明净的观照出来的意见与论断，却不是别处所有，我所特别心服者就在于此。从前在《夜读抄》中曾经举例，叙说霭理斯的意见，以为性欲的事情有些无论怎么异常以至可厌恶，都无责难或干涉的必要，除了两种情形以外：一是关系医学，一是关系法律的。这就是说，假如这异常的行为要损害他自己的健康，那么他需要医药或精神治疗的处置，其次假如这要损及对方的健康或权利，那么法律就应加以干涉。这种意见我觉得极有道理，既不保守，也不急进，据我看来还是很有点合于中庸的吧。说到中庸，那么这颇与中国接近，我真相信如中国保持本有之思想的健全性，则对于此类意思理解自至容易，就是我们现在也正还托这庇荫，希望思想不至于太乌烟瘴气化也。

（十二）霭理斯的思想

霭理斯的思想我说他是中庸，这并非无稽，大抵可以说得过去，因为西洋也本有中庸思想，即在希腊，不过中庸称为有节，原意云康健心，反面为过度，原意云狂恣。霭理斯的文章里多有这种表示，如《论圣芳济》中云，有人以禁欲或耽溺为其生活之唯一目的者，其人将在尚未生活之前早已死了。又云，生活之艺术，其方法只在于微妙地混和取与舍二者而已。《性的心理》第六册末尾有一篇跋文，最后的两节云：

我很明白有许多人对于我的评论意见不大能够接受，特别是在末册里所表示的。有些人将以我的意见为太保守，有些人以为太偏激。世上总常有人很热心地想攀住过去，也常有人热心地想攫得他们所想象的未来。但是明智的人站在二者之间，能同情于他们，却知道我们是永远在于过渡时代。在无论何时，现在只是一个交点，为过去与未来相遇之处，我们对于二者都不能有何怨怼。不能有世界而无传统，亦不能有生命而无活动。正如赫拉克莱多思[1]在现代哲学的初期所说，我们不能在同一川流中入浴二次，虽然如我们在今日所知，川流仍是不息地回流着。没有一刻无新的晨光在地上，也没有一刻不见日没。最好是闲静的招呼那熹微的晨光，不必忙乱地奔上前去，也不要对于落日忘记感谢那曾为晨光之垂死的光明。

在道德的世界上，我们自己是那光明使者，那宇宙的历程即实现在我们身上。在一个短时间内，如我们愿意，我们可以用了光明去照我们路程的周围的黑暗。正如在古代火把竞走——这在路克勒丢思[2]看来似是一切生活的象征——里一样，我们手持火把，沿着道路奔向前去。不久就会有人从后面来，追上我们。我们所有的技巧便在怎样将那光明固定的炬火递在

---

1 此处疑为赫拉克利特。赫拉克利特（约前544—前483），古希腊哲学家，爱菲斯学派的创始人，列宁称其为辩证法的莫基人。第一个提出认识论的哲学家。
2 路克勒丢斯。

他手内，那时我们自己就隐没到黑暗里去。

这两节话我顶喜欢，觉得是一种很好的人生观，"现代丛书"本的《新精神》卷首，即以此为题词，我时常引用，这回也是第三次了。霭埋斯的专职是医生，可是他又是思想家，此外又是文学批评家，在这方面也使我们不能忘记他的绩业。他于三十岁时刊行《新精神》，中间又有《断言》一集，《从卢梭到普鲁斯忒》出版时年已七十六，皆是文学思想论集，前后四十余年而精神如一，其中如论惠忒曼[1]、加沙诺伐[2]、圣芳济、《尼可拉先生》的著者勒帖夫诸文，独具见识，都不是在别人的书中所能见到的东西。我曾说，精密的研究或者也有人能做，但是那样宽广的眼光，深厚的思想，实在是极不易再得。事实上当然是因为有了这种精神，所以做得那性心理研究的工作，但我们也希望可以从性心理养成一点好的精神，虽然未免有点我田引水，却是诚意的愿望。由这里出发去着手于中国妇女问题，正是极好也极难的事，我们小乘的人无此力量，只能守开卷有益之训，暂以读书而明理为目的而已。

（十三）医学史与妖术史

---

1 即沃尔特·惠特曼（1819—1892），美国著名诗人、人文主义者，创造了诗歌的自由体。著有《草叶集》。
2 即贾科莫·卡萨诺瓦（1725—1798），18世纪意大利冒险家、作家。

关于医学我所有的只是平人的普通常识，但是对于医学史却是很有兴趣。医学史现有英文本八册，觉得胜家博士的最好，日本文三册，富士川著《日本医学史》是一部巨著，但是纲要似更为适用，便于阅览。医疗或是生物的本能，如犬猫之自舐其创是也，但其发展为活人之术，无论是用法术或方剂，总之是人类文化之一特色，虽然与梃刃同是发明，而意义迥殊，中国称蚩尤作五兵，而神农尝药辨性，为人皇，可以见矣。医学史上所记便多是这些仁人之用心，不过大小稍有不同，我翻阅二家小史，对于法国巴斯德与日本杉田玄白的事迹，常不禁感叹，我想假如人类要找一点足以自夸的文明证据，大约只可求之于这方面吧。

我在《旧书回想记》里这样说过，已是四五年前的事。近日看伊略忒斯密士的《世界之初》，说创始耕种灌溉的人成为最初的王，在他死后便被尊崇为最初的神，还附有五千多年前的埃及石刻画，表示古圣王在开掘沟渠，又感觉很有意味。案神农氏在中国正是极好的例，他教民稼穑，又发明医药，农固应为神。古语云，"不为良相，便为良医"，可知医之尊，良相云者即是讳言王耳。我常想到巴斯德从啤酒的研究知道了霉菌的传染，这影响于人类福利者有多么大，单就外科、伤科、产科来说，因了消毒的施行，一年中要救助多少人命，以功德论，恐怕十九世纪的帝王将相中没有人可以及得他来。有一个时期我真想涉猎到霉菌学史去，因为受到相当大的感激，觉得这与人生及人道有极大的关系，可是终于怕得看不懂，所以没有决心这样做。

但是这回却又伸展到反对方面去，对于妖术史发生了不少的关心。据茂来女士著《西欧的巫教》等书说，所谓妖术即是古代土著宗教之遗留，大抵与古希腊的地母祭相近，只是被后来基督教所压倒，变成秘密结社，被目为撒旦之徒，痛加剿除，这就是中世有名的神圣审问，至十七世纪末才渐停止。这巫教的说明论理是属于文化人类学的，本来可以不必分别，不过我的注意不是在他本身，却在于被审问追迹这一段落，所以这里名称也就正称之曰妖术。那些念佛宿山的老太婆们原来未必有什么政见，一旦捉去拷问，供得荒唐颠倒，结果坐实她们会得骑扫帚飞行，和宗旨不正的学究同付火刑，真是冤枉的事。

我记得中国杨恽以来的文字狱与孔融以来的思想狱，时感恐惧，因此对于西洋的神圣审问也感觉关切，而审问史关系神学问题为多，鄙性少信未能甚解，故转而截取妖术的一部分，了解较为容易。我的读书本来是很杂乱的，别的方面或者也还可以料得到，至于妖术恐怕说来有点鹘突，亦未可知，但在我却是很正经的一件事，也颇费心收罗资料，如散茂士[1]的四大著，即是《妖术史》与《妖术地理》《僵尸》《人狼》，均是寒斋的珍本也。

1　即蒙塔古·萨默斯。

（十四）乡土研究与民艺

我的杂览从日本方面得来的也并不少。这大抵是关于日本的事情，至少也以日本为背景，这就是说很有点地方的色彩，与西洋的只是学问关系的稍有不同。有如民俗学本发源于西欧，涉猎神话传说研究与文化人类学的时候，便碰见好些交叉的处所。现在却又来提起日本的乡土研究，并不单因为二者学风稍殊之故，乃是别有理由的。

《乡土研究》刊行的初期，如南方熊楠那些论文，古今内外的引证，本是旧民俗学的一路，柳田国男氏的主张逐渐确立，成为国民生活之史的研究，名称亦归结于民间传承。我们对于日本感觉兴味，想要了解他的事情，在文学艺术方面摸索很久之后，觉得事倍功半，必须着手于国民感情生活，才有入处，我以为宗教最是重要，急切不能直入，则先注意于其上下四旁，民间传承正是绝好的一条路径。我常觉得中国人民的感情与思想集中于鬼，日本则集中于神，故欲了解中国须得研究礼俗，了解日本须得研究宗教。柳田氏著书极富，虽然关于宗教者不多，但如《日本之祭事》一书，给我很多的益处，此外诸书亦均多可作参证。当《远野物语》出版的时候，我正寄寓在本乡，跑到发行所去要了一册，共总刊行三百五十部，我所有的是第二九一号。因为书面上略有墨痕，想要另换一本，书店的人说这是编号的，只能顺序出售，这件小事至今还记得清楚。这与《石神问答》都是明治庚戌年出版，在《乡土研究》创刊前三年，是柳田氏最早的著作，以前只有一册《后狩词记》终于没有能够搜得。对于乡土研究的学问我始终是外行，知道不到多少，但是柳田氏的学识与文章我很是钦佩，从他的许多著书里得到不少的利益与悦乐。

与这同样情形的还有日本的民艺运动与柳宗悦氏。柳氏本系《白桦》同人，最初所写的多是关于宗教的文章，大部分收集在《宗教与其本质》一册书内。我本来不大懂宗教的，但柳氏诸文大抵读过，这不但因为意思诚实，文章朴茂，实在也由于所讲的是神秘道即神秘主义，合中世纪基督教与佛道各分子而贯通之，所以虽然是槛外也觉得不无兴味。柳氏又著有《朝鲜与其艺术》一书，其后有集名曰《信与美》，则收辑关于宗教与艺术的论文之合集也。民艺运动约开始于二十年前，在《什器之美》论集与柳氏著《工艺之道》中意思说得最明白，大概与摩理斯的拉飞耳前派[1]主张相似，求美于日常用具，集团的工艺之中，其虔敬的态度前后一致，信与美一语洵足以包括柳氏学问与事业之全貌矣。

民艺博物馆于数年前成立，惜未及一观，但得见图录等，

---

[1] 拉飞耳即拉斐尔。拉斐尔前派由但丁·罗塞蒂、威廉·亨特和约翰·米莱斯成立于1848年，诗人、艺术家、艺术批评家组成的英国文化团体，反对以拉斐尔为代表的文艺复兴艺术家开创的各种法则。对唯美主义、英国工艺美术运动和新艺术运动等都造成了影响。

已足令人神怡。柳氏著《初期大津绘》，浅井巧著《朝鲜之食案》，为《民艺丛书》之一，浅井氏又有《朝鲜陶器名汇》，均为寒斋所珍藏之书。又柳氏近著《和纸之美》，中附样本二十二种，阅之使人对于佳纸增贪惜之念。寿岳文章调查手漉纸工业，得其数种著书，近刊行其《纸漉村旅日记》，则附有样本百三十四，照相百九十九，可谓大观矣。式场隆三郎为精神病院长，而经管民艺博物馆与《民艺月刊》，著书数种，最近得其随笔《民艺与生活》之私家版，只印百部，和纸印刷，有芹泽銈介作插画百五十，以染绘法作成后制版，再一一着色，觉得比本文更耐看。中国的道学家听之恐要说是玩物丧志，唯在鄙人则固唯有感激也。

（十五）江户风物与浮世绘

我平常有点喜欢地理类的杂地志这一流的书，假如是我比较的住过好久的地方，自然特别注意，例如绍兴、北京。东京虽是外国，也算是其一。对于东京与明治时代我仿佛颇有情分，因此略想知道他的人情物色，延长一点便进到江户与德川幕府时代，不过上边的战国时代未免稍远，那也就够不到了。

最能谈讲维新前后的事情的要推三田村鸢鱼，但是我更喜欢马场孤蝶的《明治之东京》，只可惜他写的不很多。看图画自然更有意思，最有艺术及学问意味的有户冢正幸即东东亭主人所编的《江户之今昔》，福原信三编的《武藏野风物》。前者有图版百零八枚，大抵为旧东京府下今昔史迹，其中又收有民间用具六十余点，则兼涉及民艺，后者为日本写真会会员所合作，以摄取渐将亡失之武藏野及乡土之风物为课题，共收得照相千点以上，就中选择编印成集，共一四四枚，有柳田氏序。描写武藏野一带者，国木田独步、德富芦花以后人很不少，我觉得最有意思的却是永井荷风的《日和下驮》，曾经读过好几

◎《江畔月夜图》，日本，歌川广重。原作手绘

◎《美人七夕图》，日本，葛饰北斋。原作手绘

遍,翻看这些写真集时又总不禁想起书里的话来。

再往前去这种资料当然是德川时代的浮世绘,小岛乌水的浮世绘与风景画已有专书,广重有《东海道五十三次》,北斋有《富岳三十六景》等,几乎世界闻名,我们看看复刻本也就够有趣味,因为这不但画出风景,又是特殊的彩色木版画,与中国的很不相同。但是浮世绘的重要特色不在风景,乃是在于市井风俗,这一面也是我们所要看的。背景是市井,人物却多是女人,除了一部分画优伶面貌的以外,而女人又多以妓女为主,因此讲起浮世绘便总容易牵连到吉原游廓,事实上这二者确有极密切的关系。画面很是富丽,色泽也很艳美,可是这里边常有一抹暗影,或者可以说是东洋色,读中国的艺与文以至于道也总有此感,在这画上自然也更明了。永井荷风著《江户艺术论》第一章中曾云:

我反省自己是什么呢?我非威耳哈伦[1]似的比利时人而是日本人也,生来就和他们的运命及境遇迥异的东洋人也。恋爱的至情不必说了,凡对于异性之性欲的感觉悉视为最大的罪恶,我辈即奉戴此法制者也,承受胜不过啼哭的小孩和地主的教训之人类也,知道说话则唇寒的国民也。使威耳哈伦感奋的那滴着鲜血的肥羊肉与芳醇的葡萄酒与强壮的妇女之绘画,都于我

---

[1] 即埃米勒·维尔哈伦(1855—1916),比利时诗人,剧作家,文艺评论家。

有什么用呢？呜呼，我爱浮世绘。苦海十年为亲卖身的游女的绘姿使我泣，凭倚竹窗茫然看着流水的艺妓的姿态使我喜，卖宵夜面的纸灯寂寞地停留着的河边的夜景使我醉。雨夜啼月的杜鹃，阵雨中散落的秋天树叶，落花飘风的钟声，途中日暮的山路的雪，凡是无常，无告，无望的，使人无端嗟叹此世只是一梦的，这样的一切东西，于我都是可亲，于我都是可怀。

这一节话我引用过恐怕不止三次了。我们因为是外国人，感想未必完全与永井氏相同，但一样有的是东洋人的悲哀，所以于当作风俗画看之外，也常引起怅然之感，古人闻清歌而唤奈何，岂亦是此意耶。

（十六）川柳、落语与滑稽本

浮世绘如称为"风俗画"，那么川柳或者可以称为"风俗诗"吧。说也奇怪，讲浮世绘的人后来很是不少了，但是我最初认识浮世绘乃是由于宫武外骨的杂志《此花》，也因了他而引起对于川柳的兴趣来的。外骨是明治大正时代著述界的一位奇人，发刊过许多定期或单行本，而多与官僚政治及假道学相抵触，被禁至三十余次之多。其刊物皆铅字和纸，木刻插图，涉及的范围颇广，其中如《笔祸史》《私刑类纂》《赌博史》《猥亵风俗史》等，《笑的女人》一名《卖春妇异名集》，《川柳

◎《花街风俗图》，日本，北尾政美。原作手绘

语汇》，都很别致，也甚有意义。《此花》是专门与其说研究不如说介绍浮世绘的月刊，陆续出了两年，又编刻了好些画集，其后同样的介绍川柳，杂志名曰《变态知识》，若前出《语汇》乃是入门之书，后来也还没有更好的出现。

川柳是只用十七字音做成的讽刺诗，上者体察物理人情，直写出来，令人看了破颜一笑，有时或者还感到淡淡的哀愁，此所谓有情滑稽，最是高品。其次找出人生的缺陷，如绣花针噗哧的一下，叫声好痛，却也不至于刺出血来。这种诗读了很有意思，不过正与笑话相像，以人情风俗为材料，要理解他非先知道这些不可，不是很容易的事。川柳的名家以及史家选家都不济事，还是考证家要紧，特别是关于前时代的古句，这与江户生活的研究是不可分离的。这方面有西原柳雨，给我们写了些参考书，大正丙辰年与佐佐醒雪共著的《川柳吉原志》出得最早，十年后改出补订本，此外还有几种类书，只可惜《川柳风俗志》出了上卷，没有能做得完全。我在东京只有一回同了妻和亲戚家的夫妇到吉原去看过夜樱，但是关于那里的习俗事情却知道得不少，这便都是从西原及其他书本上得来的。这些知识本来也很有用，在江户的平民文学里所谓花魁是常在的，不知道她也总得远远的认识才行。

即如民间娱乐的落语，最初是几句话可以说了的笑话，后来渐渐拉长，明治以来在寄席即杂耍场所演的，大约要花上十来分钟了吧，它的材料固不限定，却也是说游里者为多。森鸥外在一篇小说中曾叙述说落语的情形云：第二个说话人交替着出来，先谦逊道，人是换了却也换不出好处来。又作破题云，客官们的消遣就是玩玩窑姐儿。随后接着讲工人带了一个不知世故的男子到吉原去玩的故事。这实在可以说是吉原入门的讲义。

语虽诙谐，却亦是实情，正如中国笑话原亦有腐流、殊禀等门类，而终以属于闺风世讳者为多，唯因无特定游里，故不显著耳。

江户文学中有滑稽本，也为我所喜欢，一九[1]的《东海道中

1　一九，即十返舍一九（1765—1831）。日本小说家，本名重田贞一。

膝栗毛》，三马[1]的《浮世风吕》与《浮世床》可为代表，这是一种滑稽小说，为中国所未有。前者借了两个旅人写他们路上的遭遇，重在特殊的事件，或者还不很难；后者写澡堂理发铺里往来的客人的言动，把寻常人的平凡事写出来，都变成一场小喜剧，觉得更有意思。中国在文学与生活上都缺少滑稽分子，不是健康的征候，或者这是伪道学所种下的病根软。

（十七）俗曲与玩具

我不懂戏剧，但是也常涉猎戏剧史。正如我翻阅希腊悲剧的起源与发展的史料，得到好些知识，看了日本戏曲发达的径路也很感兴趣，这方面有两个人的书于我很有益处，就是佐佐醒雪与高野斑山。高野讲演剧的书更后出，但是我最受影响的还是佐佐的一册《近世国文学史》。佐佐氏于明治二十二年戊戌刊行《鹑衣评释》，庚子刊行《近松评释天之网岛》，辛亥出《国文学史》，那时我正在东京，即得一读，其中有两章略述歌舞伎与净琉璃二者发达之迹，很是简单明了，至今未尽忘记。也有的俳文集《鹑衣》固所喜欢，近松的《世话净琉璃》也想知道，这评释就成为顶好的入门书，事实上我好好地细读过的也只是这册《天之网岛》，读后一直留下很深的印象。这类曲

---

[1] 三马，即式亭三马（1778—1822）。日本小说家，本名菊地久德。

本大都以情死为题材，日本称曰心中，《泽泻集》中曾有一文论之。在《怀东京》中说过，俗曲里礼赞恋爱与死，处处显出人情与义理的冲突。偶然听唱"义太夫"，便会遇见"纸治"，这就是《天之网岛》的俗名，因为里边的主人公是纸店的治兵卫与妓女小春。日本的平民艺术仿佛善于用优美的形式包藏深切的悲苦，这似是与中国很不同的一点。

佐佐又著有《俗曲评释》，自江户长呗以至端呗共五册，皆是抒情的歌曲，与叙事的有殊，乃与民谣相连接。高野编刊《俚谣集拾遗》时号斑山，后乃用本名辰之，其专门事业在于歌谣，著有《日本歌谣史》，编辑歌谣集成共十二册，皆是大部巨著。此外有汤朝竹山人，关于小呗亦多著述，寒斋所收有十五种，虽差少书卷气，但亦可谓勤劳矣。民国十年（1921）时曾译出俗歌六十首，大都是写游女荡妇之哀怨者，如木下杢太郎所云，耽想那卑俗的但是充满眼泪的江户平民艺术以为乐，此情三十年来盖如一日，今日重读仍多所感触。歌谣中有一部分为儿童歌，别有天真烂漫之趣，至为可喜，唯较好的总集尚不多见，案头只有村尾节三编的一册童谣，尚是大正己未年（1919）刊也。

与童谣相关连者别有玩具，也是我所喜欢的，但是我并未搜集实物，虽然遇见时也买几个，所以平常翻看的也还是图录以及年代与地方的记录。在这方面最努力的是有阪与太郎，近二十年中刊行好些图录，所著有《日本玩具史》前后编，《乡土玩具大成》与《乡土玩具展望》，只可惜《大成》出了一卷，《展望》下卷也还未出版。所刊书中有一册《江都二色》，每页画玩具二种，题谐诗一首咏之，木刻着色，原本刊于安永癸巳，即清乾隆三十八年（1773）。我曾感叹说，那时在中国正是大开四库馆，删改皇侃的《论语疏》，日本却是江户平民文学的烂熟期，浮世绘与狂歌发达到极顶，乃迸发而成此一卷玩具图咏，至可珍重。现代画家以玩具画著名者亦不少，画集率用木刻或玻璃版，稍有搜集，如清水晴风之《垂髫之友》，川崎巨泉之《玩具画谱》，各十集，西泽笛亩之《雏十种》等。西泽自号比那舍主人，亦作玩具杂画，以雏与人形为其专门，因故赤间君的介绍，曾得其寄赠大著《日本人形集成》及《人形大类聚》，深以为感。

又得到菅野新一编《藏王东之木孩儿》，木版画十二枚，解说一册，菊枫会编《古计志加加美》，则为菅野氏所寄赠，均是讲日本东北地方的一种木制人形的。《古计志加加美》改写汉字为《小芥子鉴》，以玻璃版列举工人百八十四名所作木偶三百三十余枚，可谓大观。此木偶名为"小芥子"，而实则长五寸至一尺，镟圆棒为身，上着头，画为垂发小女，着简单彩色，质朴可喜，一称为"木孩儿"。菅野氏著系非卖品，《加加美》则只刊行三百部，故皆可纪念也。三年前承在北京之国府氏以古计志二躯见赠，曾写谐诗报之云：

芥子人形亦妙哉，出身应自填轮来。

小孙望见嘻嘻笑，何处娃娃似棒槌。

依照《江都二色》的例，以狂诗题玩具，似亦未为不周当，只是草阜恐不能相称为愧耳。

（十八）外国语

我的杂学如上边所记，有大部分是从外国得来的。以英文与日本文为媒介，这里分析起来，大抵从西洋来的属于知的方面，从日本来的属于情的方面为多，对于我却是一样的有益处。我学英文当初为的是须得读学堂的教本，本来是敲门砖，后来离开了江南水师，便没有什么用了。姑且算作中学常识之一部分，有时利用了来看点书，得些现代的知识也好，也还是砖的作用，终于未曾走到英文学门里去。这个我不怎么懊悔，因为自己的力量只有这一点，要想入门是不够的。日本文比英文更不曾好好地学过，老实说除了丙午丁未之际，在骏河台的留学生会馆里，跟了菊池勉先生听过半年课之外，便是懒惰的时候居多，只因住在东京的关系，耳濡目染地慢慢记得，其来源大抵是家庭的说话，看小说看报，听说书与笑话，没有讲堂的严格的训练，但是后面有社会的背景，所以还似乎比较容易学习。这样学了来的言语，有如一棵草花，即使是石竹花也罢，是有根的盆栽，与插瓶的大朵大理菊不同，其用处也就不大一样。我看日本人的书，并不专是为得通过了这文字去抓住其中的知识，乃是因为对于此事物感觉有点兴趣，连文字来赏味，有时这文字亦为其佳味之一分子，不很可以分离，虽然我们对于外国语想这样辨别，有点近于妄也不容易，但这总也是事实。我的关于日本的杂览既多以情趣为本，自然态度与求知识稍有殊异，文字或者仍是敲门的一块砖，不过对于砖也会得看看花纹式样，不见得用了立即扔在一旁。

我深感到日本文之不好译，这未必是客观的事实，只是由我个人的经验，或者因为比较英文多少知道一分的缘故，往往觉得字义与语气在微细之处很难两面合得恰好，大概可以当作一个证明。明治大正时代的日本文学，曾读过些小说与随笔，至今还有好些作品仍是喜欢，有时也拿出来看，如以杂志名代表派别，大抵有《保登登岐须》《昴》《三田文学》《新思潮》《白桦》诸种，其中作家多可佩服，今亦不复列举，因生存者尚多，暂且谨慎。

此外的外国语，还曾学过古希腊文与世界语。我最初学习希腊文，目的在于改译《新约》至少也是《四福音书》为古文，与佛经庶可相比，及至回国以后却又觉得那官话译本已经够好了，用不着重译，计划于是归于停顿。过了好些年之后，才把海罗达斯的《拟曲》译出，附加几篇牧歌，在上海出版，可惜版式不佳，细字长行大页，很不成样子。极想翻译欧利比台斯的悲剧《忒洛亚的女人们》，踌躇未敢下手，于民国廿六七年（1937.1938）间译亚坡罗陀洛斯的神话集，本文幸已完成，写注释才成两章，搁笔的次日即是廿八年（1939）的元旦，工作一顿挫就延到现今，未能续写下去，但是这总是极有意义的事，还想设法把它做完。

世界语是我自修得来的，原是一册用英文讲解的书，我在暑假中卧读消遣，一连两年没有读完，均归无用，至第三年乃决心把这五十课一气学习完毕，以后借了字典的帮助渐渐地看起书来。那时世界语原书很不易得，只知道在巴黎有书店发行，恰巧蔡子民先生行遁欧洲，便写信去托他代买，大概寄来了有七八种，其中有《世界语文选》与《波兰小说选集》至今还收藏着，民国十年（1921）在西山养病的时候，曾从这里边译出几篇波兰的短篇小说，可以作为那时困学的纪念。世界语的理想是很好的，至于能否实现则未可知，反正事情之成败与理想之好坏是不一定有什么关系的。我对于世界语的批评是这太以欧语为基本，不过这如替柴孟和甫设想也是无可如何的，其缺点只是在没有学过一点欧语的中国人还是不大容易学会而已。

我的杂学原来不足为法，有老友曾批评说是横通，但是我想劝现代的青年朋友，有机会多学点外国文，我相信这当是有益无损的。俗语云，开一头门，多一些风。这本来是劝人谨慎的话，但是借了来说，学一种外国语有如多开一面门窗，可以放进风日，也可以眺望景色，别的不说，总也是很有意思的事吧。

（十九）佛经

我的杂学里边最普通的一部分，大概要算是佛经了吧。但是在这里正如在汉文方面一样，也不是正宗的，这样便与许多读佛经的人走的不是一条路了。四十年前在南京时，曾经叩过杨仁山居士之门，承蒙传喻可修净土，虽然我读了《阿弥陀经》各种译本，觉得安养乐土的描写很有意思，又对于先到净土再行修道的本意，仿佛是希求住在租界里好用功一样，也很

○《佛说阿弥陀经》

能了解，可是没有兴趣这样去做。禅宗的语录看了很有趣，实在还是不懂，至于参证的本意，如书上所记俗僧问溪水深浅，被从桥上推入水中，也能了解而且很是佩服，然而自己还没有跳下去的意思，单看语录有似意存稗贩，未免惭愧，所以这一类书虽是买了些，都搁在书架上。佛教的高深的学理那一方面，看去都是属于心理学玄学范围的，读了未必能懂，因此法相宗等均未敢问津。这样计算起来，几条大道都不走，就进不到佛教里去，我只是把佛经当作书来看，而且这汉文的书，所得的自然也只在文章及思想这两点上而已。

《四十二章经》与《佛遗教经》仿佛子书文笔，就是儒者也多喜称道。两晋六朝的译本多有文情俱胜者，什法师最有名，那种骈散合用的文体当然因新的需要而兴起，但能恰好地利用旧文字的能力去表出新意思，实在是很有意义的一种成就。这固然是翻译史上的一段光辉，可是在国文学史上意义也很不小。六朝之散文著作与佛经很有一种因缘，交互的作用，值得有人来加以疏通证明，于汉文学的前途也有极大的关系。十多年前我在北京大学讲过几年六朝散文，后来想添讲佛经这一部分，由学校规定名称曰"佛典文学"，课程纲要已经拟好送去了，七月发生了芦沟桥之变，事遂中止。课程纲要稿尚存在，重录于此：

> 六朝时佛经翻译极盛，文亦多佳胜。汉末译文模仿诸子，

别无多大新意思，唐代又以求信故，质胜于文。唯六朝所译能运用当时文词，加以变化，于普通骈散文外造出一种新体制，其影响于后来文章者亦非浅鲜。今拟选取数种，少少讲读，注意于译经之文学的价值，亦并可作古代翻译文学看也。

至于从这面看出来的思想，当然是佛教精神，不过如上文说过，这不是甚深义谛，实在是印度古圣贤对于人生特别是近于入世法的一种广大厚重的态度，根本与儒家相通而更为彻底，这大概因为他有那中国所缺少的宗教性。我在二十岁前后读《大乘起信论》无有所得，但是见了《菩萨投身饲饿虎经》，这里边的美而伟大的精神与文章至今还时时记起，使我感到感激，我想大禹与墨子也可以说具有这种精神，只是在中国这情热还只以对人间为限耳。又《布施度无极经》云：

众生扰扰，其苦无量，吾当为地。为旱作润，为湿作筏。饥食渴浆，寒衣热凉。为病作医，为冥作光。若在浊世颠倒之时，吾当于中作佛，度彼众生矣。

这一节话我也很是喜欢，本来就只是众生无边誓愿度的意思，却说得那么好，说理与美和合在一起，是很难得之作。

经论之外我还读过好些戒律，有大乘的也有些小乘的，虽然原来小乘律注明在家人勿看，我未能遵守，违了戒看戒律，这也是颇有意思的事。我读《梵网经》《菩萨戒本》及其他，很受感动，特别是《贤首戒疏》，是我所最喜读的书。尝举"食肉戒"中语，一切众生肉不得食，夫食肉者断大慈悲佛性种子，一切众生见而舍去，是故一切菩萨不得食一切众生肉，食肉得无量罪。加以说明云，我读旧约《利未记》，再看大小乘律，觉得其中所说的话要合理得多，而上边食肉戒的措辞我尤为喜欢，实在明智通达，古今莫及。又"盗戒下"，注疏云：

善见云，盗空中鸟，左翅至右翅，尾至颠，上下亦尔，俱得重罪。准此戒，纵无主，鸟身自为主，盗皆重也。

鸟身自为主，这句话的精神何等博大深厚，我曾屡次致其赞叹之意，贤首是中国僧人，此亦是足强人意的事。我不敢妄劝青年人看佛书，若是三十岁以上，国文有根柢，常识具足的人，适宜的阅读，当能得些好处，此则鄙人可以明白回答者也。

（二十）结论

我写这篇文章本来全是出于偶然。从《儒林外史》里看到杂览杂学的名称，觉得很好玩，起手写了那首小引，随后又加添三节，作为第一分，在杂志上发表了。可是自己没有什么兴趣，不想再写下去了，然而既已发表，被催着要续稿，又不好不写，勉强执笔，有如秀才应岁考似的，把肚里所有的几百字凑起来缴卷，也就可以应付过去了吧。这真是成了鸡肋，弃之并不可惜，食之无味那是毫无问题的。这些杂乱的事情，要怎样安排得有次序，叙述得详略适中，固然不大容易，而且写的时候没有兴趣，所以更写不好，更是枯燥、草率。我最怕这成为自画自赞。骂犹自可，赞不得当乃尤不好过，何况自赞乎。因为竭力想避免这个，所以有些地方觉得写的不免太简略，这也是无可如何的事，但或者比多话还好一点亦未可知。总结起来看过一遍，把我杂览的大概简略地说了，还没有什么自己夸赞的地方，要说句好话，只能批八个字云，"国文初通，常识略具"而已。

我从古今中外各方面都受到各样影响，分析起来，大旨如上边说过，在知与情两面分别承受西洋与日本的影响为多，意的方面则纯是中国的，不但未受外来感化而发生变动，还一直以此为标准，去酌量容纳异国的影响。这个我向来称之曰"儒家精神"，虽然似乎有点笼统，与汉以后尤其是宋以后的儒教显有不同，但为得表示中国人所有的以生之意志为根本的那种人生观，利用这个名称殆无不可。我想神农大禹的传说就从这里发生，积极方面有墨子与商韩两路，消极方面有庄杨一路，孔孟站在中间，想要适宜地进行，这平凡而难实现的理想我觉得很有意思，以前屡次自号儒家者即由于此。佛教以异域宗教而能于中国思想上占很大的势力,固然自有其许多原因,如好谈玄的时代与道书同尊,讲理学的时候给儒生作参考,但是其大乘的思想之入世的精神与儒家相似,而且更为深彻,这原因恐怕要算是最大的吧。

这个主意既是确定的,外边加上去的东西自然就只在附属的地位,使他更强化与高深化,却未必能变化其方向。我自己觉得便是这么一个顽固的人,我的杂学的大部分实在都是我随身的附属品,有如手表眼镜及草帽,或是吃下去的滋养品如牛奶糖之类,有这些帮助使我更舒服与健全,却并不曾把我变成高鼻深目以至有牛的气味。我也知道偏爱儒家中庸是由于癖好,这里又缺少一点热与动,也承认是美中不足。儒家不曾说"怎么办",像犹太人和斯拉夫人那样,便是证据。我看各民族古圣的画像也觉得很有意味,犹太的眼向着上是在祈祷,印度的伸手待接引众生,中国则常是叉手或拱着手。我说儒家总是从大禹讲起,即因为他实行道义之事功化,是实现儒家理想的人。近来我曾说,中国现今紧要的事有两件:一是伦理之自然化,二是道义之事功化。前者是根据现代人类的知识调整中国固有的思想,后者是实践自己所有的理想适应中国现在的需要,都是必要的事。此即是我杂学之归结点,以前种种说话,无论怎么地直说曲说,正说反说,归根结底的意见还只在此,就只是表现得不充足,恐怕读者一时抓不住要领,所以在这里赘说一句。

我平常不喜欢拉长了面孔说,这回无端写了两万多字,正经也就枯燥,仿佛招供似的文章,自己觉得不但不满而且也无谓。这样一个思想径路的简略地图,我想只足供给要攻击我的人,知悉我的据点所在,用作进攻的参考与准备,若是对于我的友人这大概是没有什么用处的。写到这里,我忽然想到,这篇文章的题目应该题作"愚人的自白"才好,只可惜前文已经发表,来不及再改正了。

《发须爪》[1]序

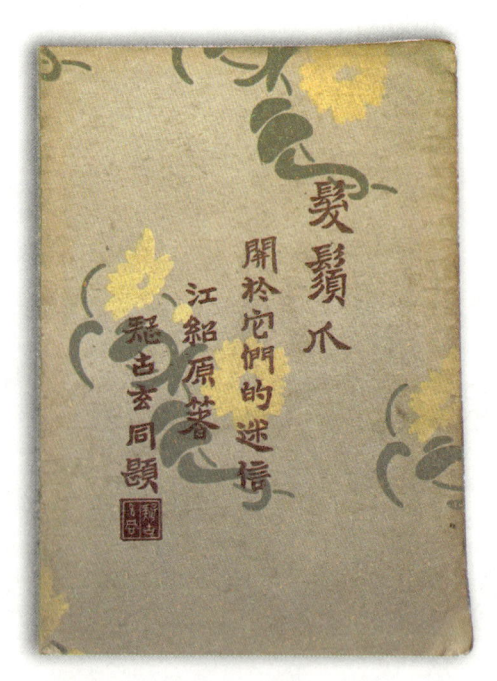

◎《发须爪》

---

[1] 《发须爪》,江绍原著,1928年3月上海开明书店初版。

我是一个嗜好颇多的人。假如有这力量，不但是书籍，就是古董也很想买，无论金、石、磁、瓦，我都是很喜欢的。现在，除了从日货摊收来的一块凤皇砖，一面石十五郎镜和一个"龟鹤齐寿"的钱以外，没有别的东西，只好翻弄几本新旧书籍，聊以消遣，而这书籍又是如此杂乱的。我也喜看小说，但有时候又不喜欢看了，想找一本讲昆虫或是讲野蛮人的书来看，简直是一点儿统系都没有。但是有一样东西，我总是喜欢，没有厌弃过，而且似乎足以统一我的凌乱的趣味的，那便是神话。我最初所译的小说是哈葛德与安度阑[1]合著的《红星佚史》(The Worlds Desire, by H.R.Haggard and Andrew Lang)，一半是受了林译"哈氏丛书"的影响，一半是阑氏著作的影响。我在东京的书店买到了"银丛书"(The Silver Library)中的《习俗与神话》(Custom and Myth)、《神话、仪式与宗教》(Myth, Ritual and Religion)等书，略知道人类学派的神话解释，对于神话感得很深的趣味，二十年来没有改变。我不能说什么是我的职业，虽然现在是在教书，但我可以说我的趣味是在于希腊神话，因为希腊的是世界的最美的神话。我有时想读一篇牧歌，有时想知道蜘蛛的结婚，实在就只是在圈子里乱走，我似乎也还未走出这个圈子。

我看神话或神话学全是为娱乐，并不是什么专门的研究。

---

[1] 即安德鲁·朗格（1844—1912），英国文学家、历史学家、诗人、民俗学家。

但有时也未尝没有野心，想一二年内自己译一部希腊神话，同时又希望有人能够编译或著述一部讲文化或只是宗教道德起源发达的略史。我平常翻开芬兰威斯忒玛耳克[1]（E.Westermarck）教授那部讲道德观念变迁的大著，总对他肃然起敬，心想这于人类思想的解放上如何有功，真可以称是一部"善书"。在相信天不变道亦不变的中国，实在切需这类著作，即使是一小册也好，能够有人来做，表示道德是并非不变的，打破一点天经地义的迷梦，有益于人心世道实非浅鲜。我以前把这件事托付在研究社会学的朋友身上，荏苒十年，杳无希望，因为那些社会学者似乎都是弄社会政策的，只注意现代，于历史的研究大抵不着重的。这件事好像是切望中国赶快成为一个像样的民主国，急切不能成功，本来也是难怪的，虽然也难免略略地失望。但是这两年来，绍原和我玩弄一点笔墨游戏，起手发表《礼部文件》，当初只是说"闲话"，后来却弄假成真。绍原的《礼部文件》逐渐成为礼教之研究，与我所期望于社会学家的东西简直是殊途而同归，这实在是很可喜的。我现在所要计划的是，在绍原发刊他的第几卷的论文集时我应当动手翻译我的希腊神话。

绍原是专攻宗教学的。我当绍原在北京大学时就认识他。有一天下课的时候，绍原走来问我日本的什么是什么东西，领我到图书馆阅览室，找出一本叫作《亚细亚》的英文月报翻给

---

[1] 即爱德华·亚历山大·韦斯特马克。

我看，原来是什么人译的几首"Dodoitsu"，日本人用汉字写作"都都逸"，是近代的一种俗歌。我自己是喜欢都都逸的，却未必一定劝别人也去硬读，但是绍原那种探查都都逸的好奇与好事，我觉得是很可贵的，可以说这就是所以成就那种研究的原因，否则别人剃胡须，咬指甲，干他什么事，值得这样注意呢。绍原学了宗教学，并不信哪一种宗教，虽然有些人颇以为奇，（他们以为宗教学者即教徒）其实正是当然的，而且因此也使他更适宜于做研究礼教的工作，得到公平的结论。绍原的文章，又是大家知道的，不知怎地能够把谨严与游戏混和得那样好，另有一种独特的风致，拿来讨论学术上的问题，不觉得一点儿沉闷。因为这些缘故，我相信绍原的研究论文的发刊一定是很成功的。有人对于古史表示怀疑，给予中国学术界以好些激刺，绍原的书当有更大的影响，因为我觉得绍原的研究于阐明好些中国礼教之迷信的起源，有益于学术以外，还能给予青年一种重大的暗示，养成明白的头脑，以反抗现代的复古的反动，有更为实际的功用。我以前曾劝告青年可以拿一本文法或几何与爱人共读，作为暑假的消遣，现在同样毫不踌躇地加添这一小本关于发须爪的迷信——礼教之研究的第一卷，作为青年必读书之一，依照了我个人的嗜好。

《天桥志》[1] 序

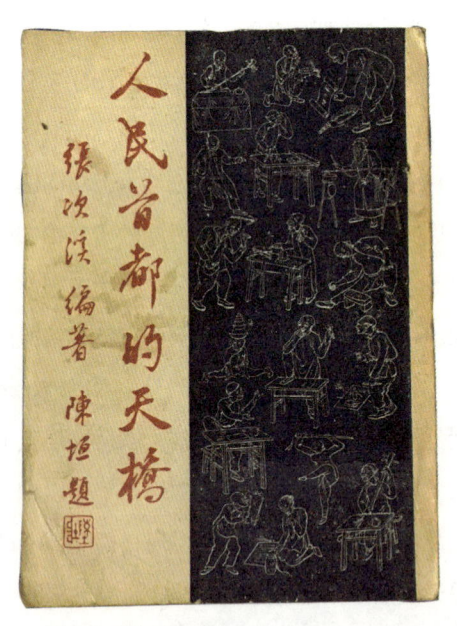

◎《人民首都的天桥》

---

1 《天桥志》后改名《人民首都的天桥》，张次溪编著，1951年7月北京修绠堂书店初版。

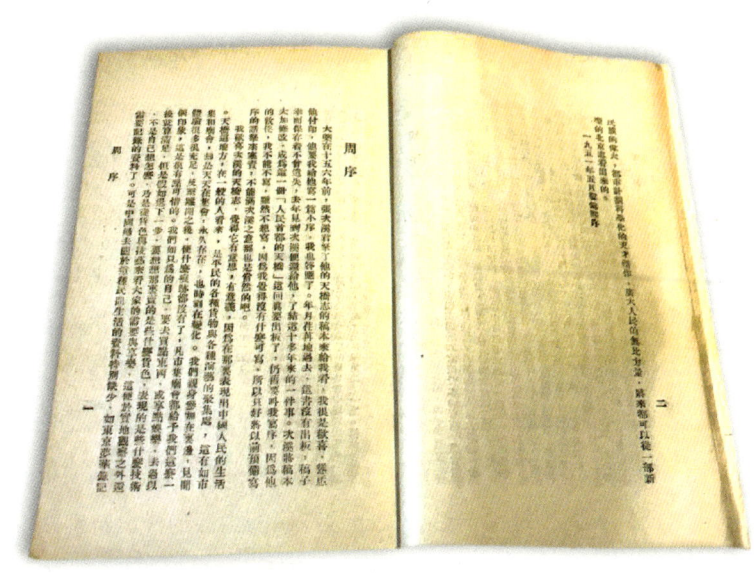

◎《人民首都的天桥》周序

大概在十五六年前，张次溪君拿了他的《天桥志》的稿本来给我看，我很是欢喜，怂恿他付印，他要我给他写一篇小序，我也答应了。年月荏苒地过去，这书没有出版，稿子幸而保存着不曾遗失，去年见到次溪便还给他，了结这十多年来的一件事。次溪将稿本大加修改，成为这一册《人民首都的天桥》，这回真要出版了，仍旧要叫我写序，因为他的敦促，我不能不写，虽然不想写，因为我觉得没有什么可写，所以只好将以前预备写序的话拿来塞责，不能满次溪之意那也是当然的吧。

我欢喜次溪的《天桥志》，觉得它有意思，有意义，因为在那里表现出中国人民的生活。天桥这地方，在一般的人看来，是平民的各种货物与各种演艺的聚集处，这有如市集和庙会，却是天天在集会，永久存在，也时刻在变化。我们亲身参加在里边，见闻体验很多很充足，及至离开之后，便什么痕迹都没有了，凡市集店会都给予我们这么一个印象，这是很有点可惜的。我们如只为的自己，要去买点东西，或享点娱乐，去过以后就算满足。但是假如退下一步，要想想那里卖的是些什么货色，表现的是些什么技术，不是自己想怎么，乃是从货色与技艺来看大家的需要与享乐，这便于实地观察之外还需要记录的资料了。可是中国过去关于这种民间生活的资料特别缺少，如《东京梦华录》记北宋汴梁的事情，其民俗技艺部分不到二十行，里边说到合生张山人，说诨话刘乔，只有一个名字。至今合生是怎么一回事，诨话是怎么说的，一直令人弄不清楚。《清嘉录》记清季苏州岁时风俗，新年一项下杂耍诸戏有高竿走索，穿跟斗，吞剑弄刀等约二十种，均是演技，末后说及说因果和滩簧，也只寥寥十许字，语焉不详，一样的不得要领。次溪从前曾集刊清朝梨园资料，共有两集，内容很丰富，但那些著述的本意大抵只是文人自诩风雅，真是好的资料恐亦难得百一。李斗的《扬州画舫录》不是记风俗的专书，其中有几条杂记却是颇好，如卷五云：

二面蔡茂根演《西厢记》法聪，瞪目缩臂，纵脾埋肩，搔首踟蹰，兴会飙举，不觉至僧帽欲坠，斯时举座恐其露发，茂根颜色自若。

又卷十一云：

小丑滕苍洲短而肥，戴乌纱，衣皂袍，着朝靴，绝类虎丘山扳不倒。

记述琐屑事，简要地能替艺人传神。这类的文章在有名的《燕兰小谱》中就难找到，那里专记旦角，也正是一个原因。这回我看见次溪的"天桥新志"的草稿，第四章专讲天桥近时所演出的曲艺和杂技，分属于说唱和属于软硬杂技的两类，第五章为天桥人物考，叙述近百年来天桥艺人的事迹，加上若干难得的图画，差不多把天桥演艺方面的面相整个地映写出来了，在这上面可以说是空前成功的著作。我觉得特别有意思的更是其中属于说唱的一类，它于一般叙述之外，又有些说的唱的话也记了下来，这是很重要的一点，譬如拉大片数来宝，我们即使听不见附属的鼓钹或拍板的响声，但读了那一部分文句，也就能真切地感觉，比杂技一类更是易于了解了。这不但说明了那些民间艺人怎么地演或演的是什么，更使我们知道民间观众所喜爱的是什么，至于可以供人民文艺工作者与研究者的参考，那又是另外一种用处。我只可惜这里关于天桥的货物即是摊贩的事情没有说及，但我知道次溪在这一方面搜集的材料也不少，曾说过想整理出来，那么将来会得有增订的机会，使《天桥志》更是完全，也正是天桥爱好者的所共同希望的吧。

看笔记

从前读旧书的时候我很喜欢看笔记,新的从《阅微草堂五种》入手,旧的先借阅《唐代丛书》,后来只要能够拿到就都看。唐、宋、明、清四朝的著作浩如烟海,就只乱抓乱翻,也看了好些;事隔多年之后回想起来,总觉得有一种不满意的地方,即是关于名物与风俗这两部门,古今来注意记录的人实在太少了。

王蒙友《蛾术编》中说理想的画家云:

> 汉魏唐宋各有其衣冠制度,齐楚燕赵各有其土俗民风,百谷百蔬百果各有其形状,六畜各有其性情。以至时虫候鸟,不得违其情;礼仪人事,不得乖其制。苟非胸有万卷,且事物之情状纤悉无遗,不能作画。

南宗画兴起,专主气韵,上边的理想全然落空,拿来与文字方面比较,也正是一样。书中祖述圣贤,标榜风雅,夸夸其谈，像煞有介事；但是关于衣冠制度，土俗民风，欲有所查考，翻遍全部，无丝毫可得。王国维《宋元戏曲史》中宋朝几于了无材料，元曲留下这些，而戏台与演出情形均无可知，岂由于玩物丧志之戒，无人肯记录之故欤？往者不可谏，来者犹可追，此后写笔记的人希望能各尽所能，把自己所最了解，最有兴趣的东西，不论雅俗巨细，详加记述，保留其真相，目下虽若无聊，百十年后便是难得的资料。譬如越剧固盛极一时，终亦有衰歇之日，保存文献也不可缓。若关于已将遗忘的习俗事物，则随时记录，自属更是要紧了。

风俗

风俗如一面镜子,折射出灵魂和传统。

风俗调查

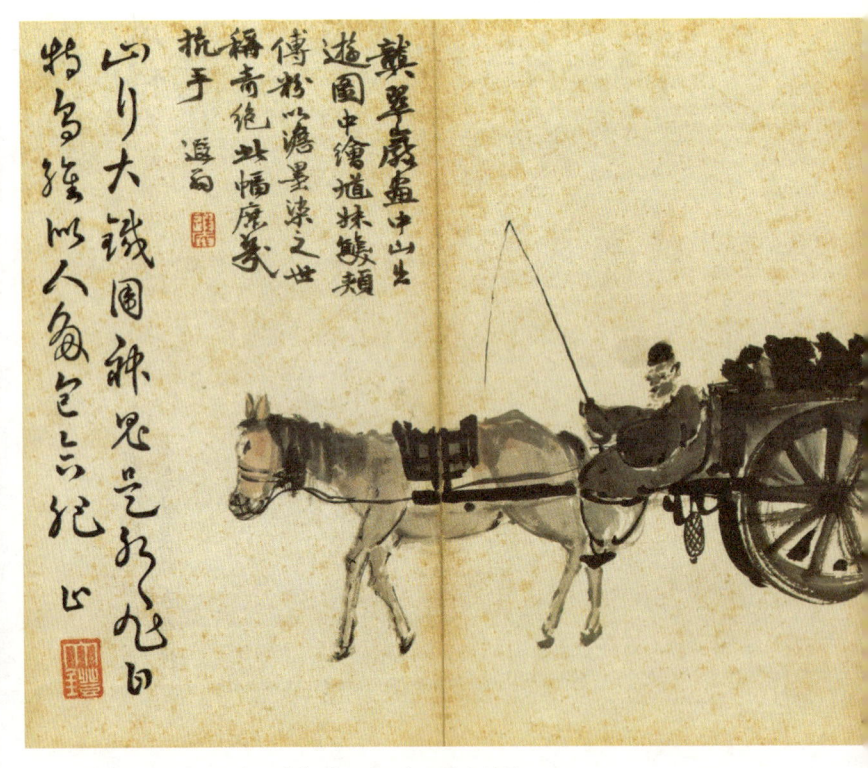

◎《北京风俗图 赶大车》陈师曾 中国美术馆藏

偶然同齐公谈朝前髻问题，深感到时代风俗资料的缺乏，前人的文献稀少，自己的知识不完备，举一漏十，又往往叫不出名字来，因此觉得风俗与方言的调查不可或缓而且还应同时并进的。我们知道朝前髻，但是外边加椭圆圈的叫作什么，却是说不出了。我又知道从前有过一种头叫作"俏三寸"，同光时诗人胡梅仙集中有《香奁新咏》，其一即是俏三寸，注云，脑后挽小髻，长仅三寸，起初江苏、上海，今已遍传吴越，服妖也。小时候当然也看见过，但是已记不清楚，陈师曾所作北京风俗画中，乡间女人的头下端略如纺绩娘的肚子，大概也就是这一类，但其名字却不得而知。

这些事物的调查与记录，看去好像是玩物丧志，可是任它忽略过去之后，后来就无可查考，等到历史剧、历史画上要用的时候，无所依据，便显出穷状与窘相来了。齐公与我都是久在外边浪荡的绍兴人，对于故乡见闻已旧，真要讲究风俗，还得重在注意眼前事物，这才能够正确详细，所以我们实在是不够资格的。正式地做这工作，须得科学院来担任，我们现在只是先来鼓吹鼓吹，正是古文所谓喤引罢了。

风俗调查二

越俗凡犬猫家畜病毙,辄投河中,谓若埋之,当令人中土,引为大忌。案此迷信本于五行生克之说,后以为秽触土公,故当得罚。《太平御览》引裴元新言有犯土说,其来已远,特古以为中土气,今则推其原于犯土神耳。春时扫墓,自清明日起,至土旺用事则止,本意土旺,故忌动土,今扫墓不复破块,而仍守其习。弃死物于水,当亦原于此,后遂以为终年如是矣。越人中人以下之家,恃河水为饮,傍有死犬,坦然就下流而汲。诘之,则云:"有利水将军在,无妨也。"而每年时病之源,亦种于此。今法禁茭白壳入城,恐污河水,至如死物,不更可恐乎?

凡人夏日中暑,血行凝滞,神气昏沉,面如土色,则云中土矣。用食米和五金物置碗中,裹以布,令患者平卧,收者持所包碗米越其上,诵"收土经",如土患除,米必缺一角。咒曰:"东方甲乙土,南方丙丁土,中央戊己土,西方庚辛土,北方壬癸土。土神土地来收土,土公土婆来收土。有土收土,无土收五方恶气。天无忌，地无忌，百无禁忌。"随收者不同，语各有小差，此最通行。其东方云云，即《齐民要术》所称五方土公，尚全本于五行，与当世谓犯神怒之说不同，意其未失古意也。此疾以小儿为多，以医药治即愈。在大人皆称曰发痧，不闻收土矣。

小儿夜啼，书咒帖衢壁以厌之。咒曰："天皇皇，地皇皇，我家有个夜叫郎。过路君子读一遍，一觉困到大天光。"北方亦有之，但第四句曰"过往君子念三遍"，为小异耳。中国昔以儿夜啼为鬼祟，（《夜谈随录》载数则：有人妖跨猫，以矛刺儿令啼，射得之。又获一怪，影着灯幌上如槽形。日本亦传儿衣夜露则夜啼，与姑获鸟传说相关。）书咒榜壁，即以解之。俗传凡行秘术，忌见四目，今即本此意为反解法，有与众共弃之之意。"天皇皇"等释作声，或作光明解，亦未能决。案小儿每夜应时而啼，本非疾病，但由眠食失常，致成此习。盖幼儿昼夜之辨，不甚明了，日中多睡，夜间醒时，即欲出游，但以四周昏黑，大人亦熟寝不理，辄自啼哭，渐成习惯。又乳时不匀，亦多令夜醒，易于夜啼。故调其眠食之时，使得安睡，其患自已。（据长井岩雄著《育儿之刊》）即如大人过眠或多食，亦夜不安帖，可以见矣。

病人饮汤药，必倾药渣于通衢，令人践踏，以为令病早已，此亦与众共弃之意。中国医方制药，尚多会意，如埋街心若干日，悬户上若干日等，皆取多人经过之意。但道上多药渣，殊病通行，因之滑倒者多有之，当改其俗。又有榜十字路者,曰"重伤风出卖",或云"时眼出卖"。或书纸裹一钱弃路隅,谓拾者即受其病,旧患立愈,意亦本此,而有恶心存其中,犹今祝由科之移疮于犬,在魔术律中称黑术,亦言反群魔术,损人利己者也。今虽法所不及,然于国人道德心有所障碍。又人见凶秽不祥物,唾以禳之。唾本表嫌恶之情,又谓可避邪,实亦与弃药同原,盖唾而去之,使之隔绝。凡诸不若,以唾处为聚,无得更进矣。如裹钱弃疾,虽以钱为饵,亦即以钱为之归宿也。

越中神庙,大都有仙方。近经警察禁止,已少敛迹,然僻处尚多有之。又有所谓仙丹者,以神前香灰为之,服之愈百疾,每包三五文,或师姑携赠人家,而收报焉。服者对天礼拜,以水送下。古庙香炉中积灰尺许,尘埃夹杂,取而服之,殆如食泥土也。又人伤指出血,辄集尘土敷之,以门后者为佳,称门挡灰。创不甚,本可自合,壅之反令尘入肉中。二者迹近似,然皆不易革也。

风俗的记录

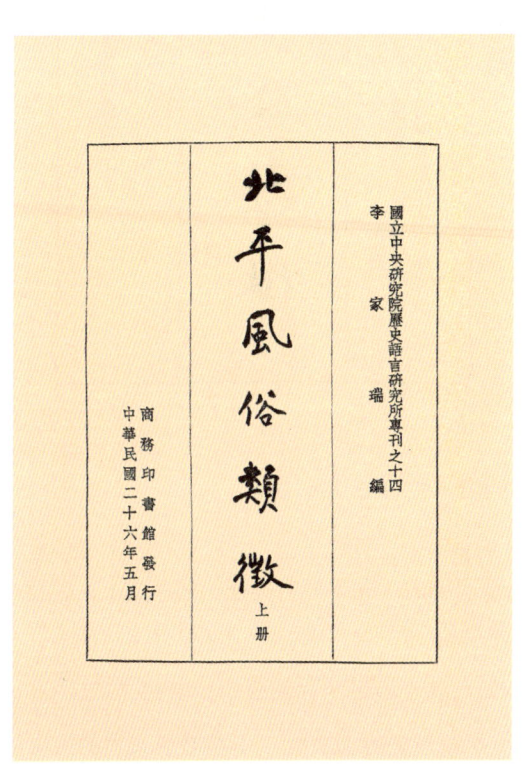

北平風俗類徵 上冊

李家瑞 編

國立中央研究院歷史語言研究所專刊之十四

商務印書館發行
中華民國二十六年五月

◎《北平风俗类征》上册

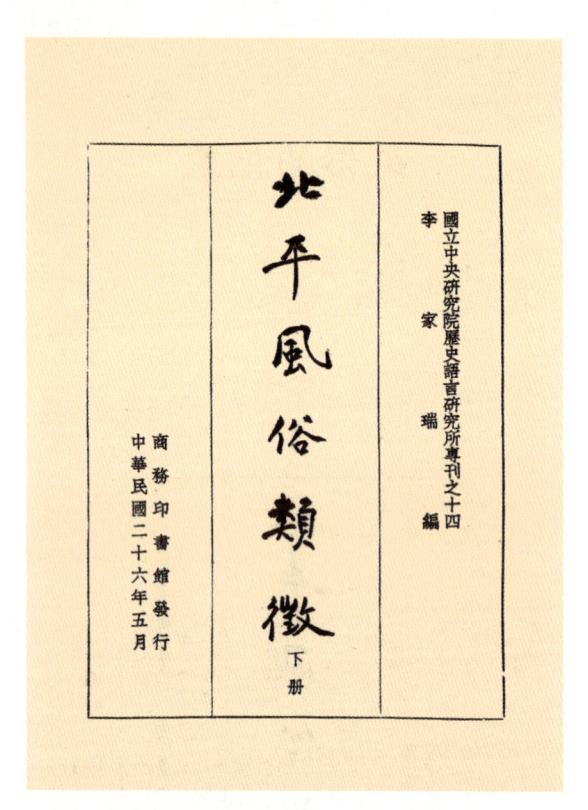

○《北平风俗类征》下册

　　李家瑞所编的《北平风俗类征》的序文上，说及当时刘半农对他的指示事项，有一则云，记述民情风俗的书，士大夫做的往往不如土著平民做的详细确切，例如《草珠一串》《朝市丛载》《一岁货声》等书，无一不是略通文理的人做的，但他们所记的风俗都比名人学士们更为详实。这意思是很正确的，李君自己也逐渐发觉后来的人对于风土人情的注意比较以前的人来得多，而且越是通俗的书越喜欢记载土风民俗等细事，更是很好的经验。

事实是如此，但这是什么缘故呢？简单的一句话，中国的读书人太是正经了，他们受了封建的礼教传统的束缚，处处只考虑君父夫特权者的利益，别的关于人民、小孩和妇女的细事便都不在眼里，哪有闲工夫来记录它呢？清朝的乾隆一代大概有点与明朝的嘉靖相似，长期的胡搞为王纲解纽的开始，思想文艺上有一点转变，土著平民的著作渐以发生，并不是偶然的事。五四以后，风俗研究与方言调查的运动连带而起，可是没有底力，只算起了一个头。虽然有了做起讲之意，也总是很好的，后人就可以来接续下去了。正式的学术工作当然应由科学院用政府的力量大规模地去做，我们略通文理的人却也当随分尽力，就知识和力量所及去收集记录，保存一点过去与现在的人民生活的痕迹。一地方的老百姓日常吃些什么，如能记得确实，要比起居注更有价值，虽然记皇帝的御膳也是一种资料。

风俗的记载

我很喜欢看纪行的文章,里边如能详细点叙述各地方生活情形,物产风俗,更为有益,因为这能增进我们的见识。大抵小市民的一种毛病是孤陋寡闻,因此少见多怪,思想闭塞,补救方法之一是鲁迅、许寿裳等早期所提倡的眼光放大,他们想多介绍外国文艺,但是本国材料如正当地使用也是有效的。所可惜的是过去文人都未能正当地使用,还要等到现在再来厘正。例如结婚,大家习惯于父母之命、媒妁之言的办法,便是乡村里也以为是正当,其结果不外是卖买婚或赠予婚这两样罢了,过去一直没有人来揭破。文人笔记上讲到少数民族中跳月的风俗,这本是一种自主结婚的办法,他们却不反省,只拿来作诗文的资料,或者反觉得自己的婚姻制度好,岂非荒唐之至。

又如火葬,在外国与本国各处都有这风俗,讲到起源,这与土葬同样起于迷信,因为火葬是防止死者复出,土葬则期望死者存在或复生,但现在这两者都不成理由了,只论方便合理，火葬自然要算最好了。顾亭林却大为反对，他说宋朝曾提倡火葬，所以杨琏真伽后来发宋陵，将遗骨杂牛马骨垫塔底，算是报应。三百年前人说话固可原谅，但也未免太是胡说了。从这些事情看去，现今增进见识，助成社会风俗的改革，的确很是重要，报纸上的小文章有可助一臂之力的地方，大家是不应当吝惜的。

闲话风俗

看见报上常有文章讲各地的风俗和物产,我觉得这是很好的,可以使得我们多知道一点祖国的情形,开放我们的眼界。说也奇怪,知识分子的毛病之一是孤陋寡闻,从前不出门的秀才固然如此,就是从西洋回来的学者,除专门学问和外国事情外,所了解的也很不多。说他们不留心只是一半,一半也因为缺少机会和资料。报上这些零篇本来难得有多大用处,但是有总比没有好,而且这里边的确也有些好的文章。缺点是不免单调,写的人只能讲他所熟悉的地方的事情,这就有个限度。勉强去说别的地方,总难免隔膜有错误。正如对于自己所没有的发音听不清一样,对于本地所没有的习惯也就不大看得清楚、说得明白,无意中便歪曲了。

我们国内的少数兄弟民族的名字,有些都不曾听说过,希望能够有人给我们介绍一点,这是我第一奢望,就只怕一时难得达到。其次是各地方城乡生活情形,我们自己不能多去旅行亲看,也靠知道的人能够说给我们听。孔子讲三种益友,其一便是多闻，夸夸其谈的教条主义谁都不欢迎，但是娓娓地谈家常却是于我们有益，也很听得进去的。其三才是现在那么的有限的谈，我说这也是好的，但若是集中于上海、苏州、北京这几处地方，这闲话有说尽的时候，恐就后难为继了。

占验与风俗

中国民间有许多占验的谚语,如"重阳无雨一冬晴",或云,"重阳无雨望十三,十三无雨一冬干",没有人加以实验,不知道究竟确否。但有些农谚,如广西云,"一日东风三日雨,三日东风无米煮"。据《农业管窥》的作者说,(该农谚)不但表现一些气象学上的事实,也还给我们看出一点当地的社会情形来。我们知道中国的东南临海而西北是大陆高原,所以东风时常挟湿气而俱来,再遇到北来冷气,结而成雨,所以每每东风是欲雨的先兆,至于三日东风何以就会连米也没得呢?因为广西好多地方是三日一墟,即是市集,而有许多人家是在墟场上买米吃的,如果连雨日多,不好趁墟,无人卖米,自然有断炊之虞了。《越谚》中也载谚语云:

天河对弄堂,家家人家晒酱缸;天河对笆桩,家家人家吃虾汤;天河对大门,家家人家吃大菱。

◎ 东留墟场老照片

编者注云,"山会萧三县民屋南向,什之九五弄堂居东,笆桩东南,大门正南,气候庐舍时食件件吻合",所以他题名曰"时序民风谣",也是很有意思的事。

儿童诗、童谣

时光如梦,歌谣悠扬。

儿童杂事诗[1]（节选）

◎《儿童杂事诗》

◎《儿童杂事诗》序

---

1 《儿童杂事诗》原作有甲乙两编，共四十八首，后又补写丙编二十四首，合计三编，总数七十二首。其中有些诗有题，有些无题。周作人先生为《儿童杂事诗》结集出版作了一篇序记，在此一并呈现，供读者欣赏。

序记

今年六月偶读英国利亚（Ed. Lear）的诙谐诗，妙语天成，不可方物，略师其意写儿戏趁韵诗，前后得十数首，亦终不能成就，唯其中有三数章，是别一路道，似尚可存留，即本编中之甲十及十九，又乙三是也。因就其内容，分别为儿童生活、儿童故事两类，继续写了十日，共得四十八首，分编甲乙，总名之曰《儿童杂事诗》。后又续有所作，列为丙编，乃是儿童生活诗补，亦二十四首，唯甲编以岁时为纲，今则以名物分类耳。

我本不会做诗，但有时候也借用这个形式，觉得这样说法别有一种味道，其本意则与用散文无殊，无非只是想表现出一点意思罢了。寒山曾说过，"分明是说话，又道我吟诗"。我这一卷所谓诗，实在乃只是一篇关于儿童的论文的变相，不过现在觉得不想写文章，所以用了七言四句的形式。反正这形式并无什么关系，就是我的意思能否多分传达也没有关系。我还深信道谊之须事功化。古人云，为治不在多言，但力行何如耳。我辈的论或诗，亦只是道谊之空言，于事实何补也。

三十六年（1947年）八月五日，知堂记，于南京。

甲编 儿童生活诗

一（新年）

新年拜岁换新衣，白袜花鞋样样齐。
小辫朝天红线扎，分明一只小荸荠。

荸俗语读如蒲，国语读作眦，亦是平声。

二

昨夜新收压岁钱，板方一百枕头边。
大街玩具商量买，先要金鱼三脚蟾。

大钱方整者名曰板方。金鱼等物皆用火漆所制，每枚值三五文。

三

下乡作客拜新年，半日猴儿着小冠。
待得归舟双橹动，打开帽盒吃桃缠。

新年客去，例送点心一盒置舟中，纸盒圆扁，形如旧日帽盒，俗即以纸帽盒称之。合锦点心中，以核桃缠、松仁缠为上品，余亦只是云片糕、炒米糕之类而已。

四（上元）

上元设供蜡高烧，
堂屋光明胜早朝。
买得鸡灯无用处，
厨房去看煮元宵。

五（风筝）

鲇鱼漂荡日当中，
蝴蝶翻飞上碧空。
放鹞须防寒食近，
莫教遇着乱头风。

◎《五童纸鸢图》齐白石

鲇鱼、蝴蝶皆风筝名，俗称曰鹞，因风筝作鹞子形者多也，小儿则重叠其词呼之曰老鹰鹞。

六（上学）

龙灯蟹鹞去迢迢，关进书房耐寂寥。
盼到清明三月节，上坟船里看姣姣。

儿童歌云，正月灯，二月鹞，三月上坟船里看姣姣，犹弹词语云美多姣。

七（扫墓）

扫墓归来日未迟，南门门外雨如丝。
烧鹅吃罢闲无事，绕遍坟头数百狮。

百狮坟头在南门外，扫墓时多就其地泊舟会饮。不知是谁家坟墓，石工壮丽，相传云共凿有百狮，但细数之亦才有五六十耳。

十七（蚊烟）

薄暮蚊雷震耳聋，
火攻不用用烟攻。
脚炉提起团团走，
烧着清香路路通。

水乡多蚊，白昼点长条之蚊虫药，黄昏则于铜火炉中燃茅草蚕豆荚或路路通发烟以祛之，小儿喜司其事，以长绳系于炉之提梁，挈之巡行各室。路路通即杉树子，状如栗房而多孔，焚之微有香气。

十八（瓜）

买得乌皮香扑鼻，
蒲瓜松脆亦堪夸。
负他沙地殷勤意，
难吃喷香呃杀瓜。

◎《南瓜图》齐白石

乌皮香者香瓜之一种，皮青黑，肉微作碧色，香味胜常瓜。蒲瓜柔脆多水分，但不甜耳。冷饭头瓜一名"呃杀瓜"，以其绵软，食之易噎，但可以饱，有如冷饭，故有是名，沙地种瓜人常用作赠物。

十九（夏日急雨）

一霎狂风急雨催，太阳赶入黑云堆。
窥窗小脸惊相问，可是夜叉扛海来。

夏日暴雨将至，风起云涌，天黑如墨，俗语辄曰夜叉扛海来。

二十（苍蝇）

瓜皮满地绿沉沉，桂树中庭有午荫。
蹑足低头忙奔走，捉来几许活苍蝇。

二一（菱角）

妇孺都知驼背白，雷门名物至今称。
新鲜酒醉皆佳品，不及寻常煮大菱。

菱角通称大菱，驼背白为四角菱之一种，色青白而拱背，出雷门坂一带。

二二（蟋蟀）

啼彻檐头纺绩娘，凉风乍起夜初长。
关心蛐蛐阶前叫，明日携笼灌破墙。

◎《蟋蟀》齐白石

二三（中元）

中元鬼节款精灵，莲叶莲华幻作灯。
明日虽扔今日点，满街望去碧澄澄。

北方童谣云，莲花灯，今儿点，明儿扔。

二四（中秋）

红烛高香供月华，如槃月饼配南瓜。
虽然惯吃红绫饼，却爱神前素夹沙。

中秋夜祀月以素月饼，大者径尺许，与木盘等大。

甲编附记

儿童生活诗实亦即是竹枝词，须有岁时及地方作背景，今就平生最熟习的民俗中取材，自多偏于越地，亦正是不得已也。

乙编 儿童故事诗

一（老子）

当年李耳老而孩，奇事差堪比老莱。
想见手持摇咕咚，白头卧地哭咳咳。

《神仙传》云，李母怀胎八十一年而生老子。摇咕咚，玩具小鼗鼓也。咕咚读若骨栋，二十四孝图常画老莱子手持此鼓，倒卧地上。

二（晋惠帝）

满野蛙声叫咯吱，累他郑重问官私。
童心自有天真处，莫道官家便是痴。

案惠帝当时已非童年，兹但取其孩子气耳。

三（赵伯公）

小孩淘气平常有，唯独赵家最出奇。
祖父肚脐种李子，几乎急杀老头儿。

《太平御览》引《笑林》,赵伯公体肥大,夏日醉卧,孙儿以李子纳其脐中,赵未之知,后汁出则大惊恐,谓肠烂将死,及李核出,乃始释然。

四(陶渊明)

但觅栗梨殊可念,不好纸笔亦寻常。
陶公出语慈祥甚,责子诗成进一觞。

黄山谷跋《责子》诗云,观靖节此诗,想见其人,慈祥戏谑可观也。

五

离家三月旋归去,三径如何便就荒。
稚子候门倏不见,菊花丛里捉迷藏。

六(杜子美)

杜陵野老有情痴,凄绝羌村一代诗。
偶遂生还还复去,膝前何以慰娇儿。

子美《羌村》云,世乱遭飘荡,生还偶然遂。又其二云,娇儿不离膝,畏我却复去。

七

诗人省识儿烦恼,
痴女痴儿不去怀。
稚子恒饥谁忍得,
凄凉颜色迫人来。

《彭衙行》云,痴女饥咬我,啼畏虎狼闻。《百忧集行》云,痴儿未知父子礼,叫怒索饭啼门东。《狂夫》第三联云,恒饥稚子色凄凉。此在他人诗中,皆不能见到者也。

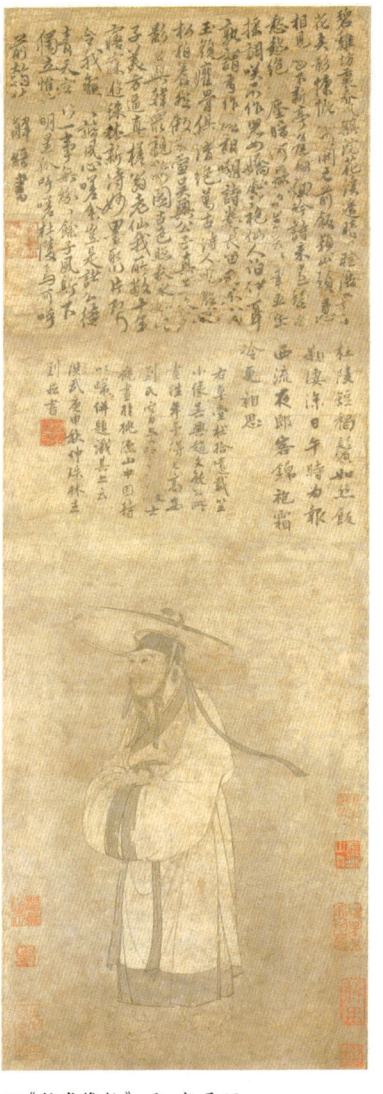

◎《杜甫像轴》元 赵孟頫

八

乡间想无杂货店，
稚子敲针作钓钩。
但有直钩无倒刺，
沙滩只好钓泥鳅。

案泥鳅本亦不易钓，姑趁韵耳。水边有一种小鱼，伏泥上不动，易捕取，俗名步泥拖，不知其雅名云何也。

九（李太白）

太白儿时不识月，
道是一张白玉盘。
无怪世人疑胡种，
葡萄美酒吃西餐。

太白《古朗月行》

◎《李白行吟图》宋 梁楷

云，小时不识月，呼作白玉盘。今人或有以太白为胡人者，亦犹说墨子是印度人之比耶。

十（贺季真）

故里归来转陌生，儿童好客竞相迎。
乡音未改离家久，赢得旁人说拗声。

越人称外乡语皆曰拗声。

十一（杜牧之）

人生未老莫还乡，垂老还乡更断肠。
试问共谁争岁月，儿童笑指鬓如霜。

未老莫还乡，韦庄词句也。牧之《归家》诗云，共谁争岁月，赢得鬓如丝。

十二（陆放翁）

阿哥写字如曲蟮，阿弟说话像黄莺。
孖儿娇小嗔不得，浣壁同时复画窗。

莺，越中俗语读如国语之盎。杭州人称小儿曰孲儿，读如芽，浙中他处无此语，或是临安俗语之留遗耶。放翁《喜小儿辈到行在》诗云，"阿纲学书如蚓曲，阿绘学语莺啭木，画窗涴壁谁忍嗔，啼呼也复可怜人。"

十三（姜白石）

纵赏元宵逐队行，白头居士趁闲身。
怜他小女乘肩看，双髻丫叉剧可人。

白石《观灯》词云："白头居士无呵殿，只有乘肩小女随。"

十四（辛稼轩）

幼安豪气倾侪辈，却有闲情念小童。
应是贪馋有同意，溪头呆看剥莲蓬。

稼轩词云："大儿锄豆溪东，中儿正织鸡笼，最喜小儿无赖，溪头看剥莲蓬。"

十五（王季重）

买得泥人买纸鸡,兰陵面具手亲持。
谑庵毕竟多情味,多买刀枪哄小儿。

季重《游惠锡两山记》云:"买泥人,买纸鸡,买兰陵面具,买小刀戟,以贻儿辈。"

十六（清顺治帝）

挣得清华六品官,居然学士出寒门。
胡雏亦自知风趣,画出骑驴傅状元。

顺治幼年即位,为聊城傅以渐画《状元归去驴如飞图》。

十七（翟晴江）

不攻异端卫圣道,但嫌光顶着香疤。
手携三尺齐眉棍,赶打游僧秃脑瓜。

梁山舟作晴江传云,童子时读书塾中,有僧过其门,乃率众持梏追击,其父见而挞之,答曰:"吾恶其秃也。"

十八（高南阜）

胶东名宿高南阜,文采风流自有真。
写得小娃诗十首,左家情趣有传人。

诗见集中,有咏女儿嬉戏,如猫蹄儿、请姑姑各题。

十九（郑板桥）

门前排坐喜新晴,待泥家人说古今。
独爱锄禾日当午,手分炒豆教歌吟。

《板桥家书》,以"锄禾日当午"二诗教小儿于排坐吃炒豆时唱之。

二十（陈授衣）

绝爱诗人陈授衣,善言抛堶折花枝。
泥婴面具寻常见,喜诵田家杂兴诗。

陈授衣诗见《韩江雅集》中。"带得泥婴面具回",闵廉风句,亦是集中《田家杂兴》诗之一。

二一(俞理初)

最喜龟堂自教儿,本来严父止于慈。
高风传述多天趣,正是人间好父师。

俞理初著有《陆放翁教子法》《严父母义》诸文,收在《癸巳存稿》中,戴醇士记其言行,见《习苦斋笔记》。

论人卓老有同志,说妒周婆多恕词。
幸喜未逢张问达,不然断送老头皮。

张问达即当时弹劾李卓吾之御史。案此诗不涉儿童事,因关联俞君,附录于此。

二二(王菉友)

不教童蒙嚼木札,故将文字示幺儿。
古今多少经生辈,惭愧乡宁学老师。

菉友著有《教童子法》及《文字蒙求》，皆嘉孺子之事也。案王君为乡宁知县，此云学老师，误也，亦不复改作。

二三（凯乐而）

绝世天真爱丽思，梦中境界太离奇。
红楼亦有聪明女，不见中原凯乐而。

《爱丽思漫游奇境记》，英国凯乐而[1]著，赵元任译。

二四（萨洛延）

一卷空灵写意诗，人间喜剧剧堪悲。
街头冒险多忧乐，我爱童儿由利斯。

《人间的喜剧》，美国萨洛延[2]著，有柳无垢译本，不完全，可惜也。徐礼庭新译全本，曾见其原稿，更流畅可读，并可具见作者意旨，但未知其能出版否耳。著者本是亚耳美尼亚人。

---

1 即刘易斯·卡罗尔（1832—1898），英国数学家。
2 即威廉·萨洛扬（1908—1981），美国小说家、剧作家。

乙篇附记

大暑节后,中夜闻蛙声不寐,偶作《晋惠帝》一诗,后复就记忆所及,以文史中涉及小儿诸事为材,赓续损益,共得二十四章。左家娇女事珠玉在前,未敢弄拙,虽颇自幸,亦殊以为憾事也。七月三十一日。

儿童故事诗本应多趣味,今所作乃殊为枯燥,甚觉辜负此题。有些悲哀的故事,如特罗亚之都君,赫克多耳之子,其名今用意译。十字军儿童队,孔文举二子,《水浒》之小衙内,《鸡肋编》之"和骨烂",《曲洧旧闻》之因子巷等,常往来于胸中,而自信无此笔力与勇气,故亦不敢漫然涉笔,殊不能自辨为幸为憾也。九月廿八日,校录后再记。

丙编 儿童生活诗补

一(花纸)

儿女英雄满壁排,摊头花纸费衡裁。
大厨美女多娇媚,不及横张八大锤。

直幅美女图，用以贴衣厨门扇上者，名曰大厨美女。八大锤画戏装武士数人持锤，大小式样不一，多系横幅，男孩每喜购之。

二

老鼠今朝也做亲，灯笼火把闹盈门。
新娘照例红衣袴，翘起胡须十许根。

老鼠成亲花纸、仪仗舆从悉如人间世，有长柄官灯一对，题字曰无底洞。

◎ 滩头年画《老鼠娶亲》

七（歌谣）

夏夜星光特地明，儿歌唧哳剧堪听。
爬墙蛞蚁寻常有，踏杀绵羊出事情。

儿歌《一颗星》最通行，前后趁韵接续而成，绝无情理，而转换迅速，深惬童心。末曰，蛞蚁会爬墙，踏杀两只大绵羊。末句有各种异说，此为其雅驯者也。

八

阶前喜见火萤虫，拍手齐歌夜夜红。
叶底点灯光碧绿，青灯有味此时同。

越中方言称萤火为火萤虫。儿歌云，火萤虫，夜夜红。

九

捉得蜗牛叫水牛，低吟尔汝意绸缪。
上街买得烧羊肉，犄角先伸好出头。

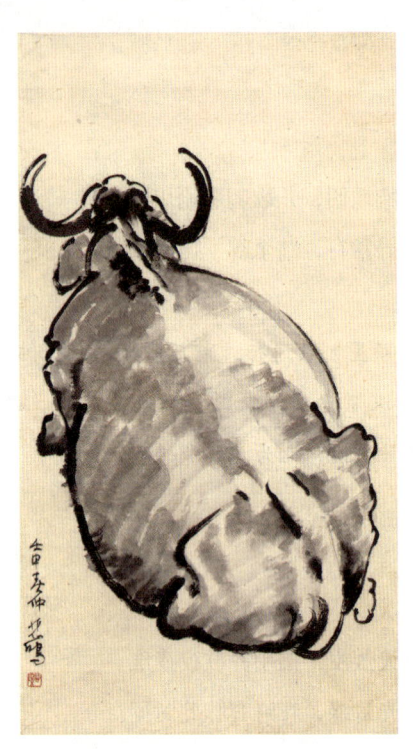

◎《水牛图》徐悲鸿

北京儿歌：水牛，水牛，先出犄角后出头，你爹你妈，给你买的烧肝儿烧羊肉哈。北方谓角曰犄角，犄读如稽。

十（玩具）

门前迎会闹哄哄，耍货年年样式同。
买得纸鸡吹嘟嘟，木头斗虎竹蟠龙。

城中神佛按时出巡,俗称迎会,多有衔卖玩具者,率极质朴,以纸片泥土及羽毛为鸡形,中有竹叫子,吹之有声,名曰吹嘟嘟,大抵只值一钱一个。

十一

南镇归来谒禹陵,金阶百步上层层。
手持木碗长刀戟,大殿来听蝙蝠鸣。

南镇即会稽山神庙,有碑曰天南第一镇,春日香火极盛。禹庙殿陛甚高,有数十级,俗名百步金阶。仪门内两侧皆玩具摊,货木制盘碗刀枪。殿上多蝙蝠,昼夜鸣叫不息,或曰亦栖于禹像耳中,不知其审,想亦当有之也。

十二(虫鸟)

蝴蝶黄蜂飞满园,南瓜如豆菜花繁。
秋虫未见园林寂,深草丛中捉绿官。

绿官状如叫蝈蝈而小,色碧绿可爱,未曾闻其鸣声,儿童以为是络纬之儿,盖非其实也。

十三

辣茄蓬里听油蛉,
小罩扣来掌上擎。
瞥见长须红项颈,
居然名贵过金铃。

油蛉状如金铃子而差狭长,色紫黑,鸣声瞿瞿,低细耐听,以须长颈赤者为良,云寿命更长。畜之者以明角为笼,丝线结络,寒天县着衣襟内,可以过冬,但入春以后便难持久,或有养至清明时节,在上坟船中闻其鸣声者,则绝无而仅有矣。

十四

喜得尊称绩縩婆,
灰黄衣着见调和。
淡花摘得供朝食,
妨碍南瓜结实多。

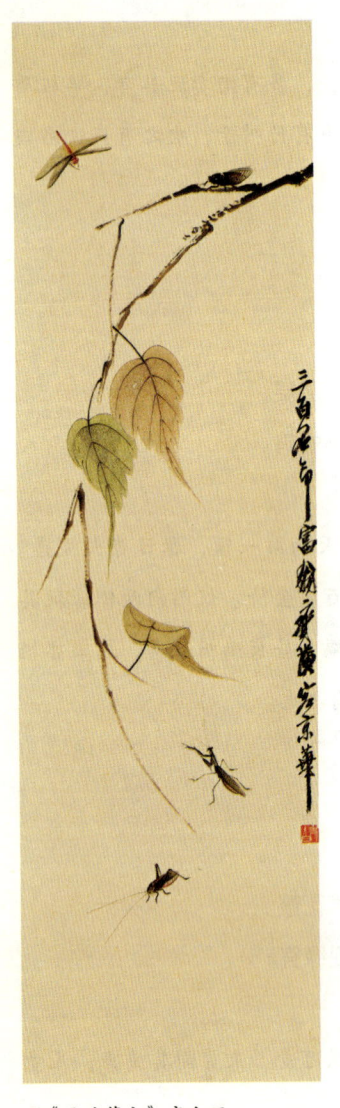

◎《贝叶草虫》齐白石

小儿呼络纬为绩縪婆婆，读如驾，多笼养之，摘南瓜淡花为食料，即雄蕊也。

十五

风春雨碓乱纷飞，省识微虫叫螽斯。
揭起醋瓶群飞出，雅名学得是醯鸡。

螽斯即蟪蟓也，亦以称醯鸡，郭象《庄子注》已如此说，唯郝兰皋作《尔雅义疏》以为非是。

十六

姑恶飞鸣绕暮烟，春宵凄寂不成眠。
童心不识欢情薄，听到啼声总可怜。

越系水乡，多姑恶鸟，夜中闻啼声甚凄婉。"姑恶飞鸣绕暮烟"，朱竹垞句。"东风恶，欢情薄"，见陆放翁《钗头凤》词。

二十一

漫夸风物到江乡,蒸藕包来荷叶香。
藕粥一瓯深紫色,略添甜味入饧糖。

红糖俗名"饧糖",读若琴,市语曰"台青",盖因出自台湾故欤。

二十二

儿曹应得念文长,解道敲锣卖夜糖。
想见当年立门口,茄脯梅饼遍亲尝。

小儿所食圆糖名为夜糖,不知何义,徐文长诗中已有之。以黑糖煮茄子,晾使半干,曰"茄脯",切细条卖之。梅饼如铜钱大而加厚,系以梅子煮熟,连核同甘草末捣碎,范成圆饼,每个售制钱一文。

二十三

一盏盛来琥珀光,石花风味最清凉。
新煎洋菜晶莹甚,独缺稀微海水香。

石花熟捶，拣去贝壳沙石，洗净煮汁，用井水镇使冻结，加糖醋食之，为夏日消暑佳品。唯不易消化，多致胃病，后乃以洋菜代之，更为纯良，而无复有海草香气，遂觉索然寡味矣。

二十四

居然尝药学神农，莫笑贪馋下苦功。
玉竹香甜原好吃，更将甘草润喉咙。

药物中甘草之味人多知者，熟玉竹之肥壮者食之亦甚腴美，可当点心。

丙编附记

今春多雨，惊蛰以来，十日不得一日晴，日唯阅《说文》（段氏注）以消遣。偶应友人之属，录旧作《儿童杂事诗》，觉得尚可补充，因就生活诗部分酌量增加，日写数章，积得二十四首，乃定为丙编。旧日所写多以岁时为准，今则以名物分类，此种材料尚极夥多，可以入录，唯写为韵语，虽是游戏之作，亦须兴会，乃能成就。丁编以下，倘有机缘，当俟诸异日。三十七年三月二十日，雨中记。

小孩的歌

中国向来对于儿童有好些误解，往往是两极端，因此很有点可笑，一方面看不起小孩子，以为他们的言动都是儿戏不足注意，一方面却又迷信童谣，以为有荧惑星下降，幻为红衣小儿，以歌词教群儿歌唱，后必有应验。我们查看史书上所记的童谣，有的显系伪作，有的是儿歌而被歪曲解释了的，但因此也记下了好些歌谣，可以供我们参考。

童谣的价值现今看来是在别的方面，他不是谶纬而是文艺，特别是儿童的诗，也即是诗的祖宗。虽然在起初或中间有过成人的加笔，但是经过了多少代儿童的欣赏审定，全已变为他们自己的东西了。清初钱塘郑扶羲编有一卷《天籁集》，收录儿歌四十八首，后有二集，收录二十三首，详细评注，叹为绝世奇文，这种圣叹式的笔法，夸张处殊不能免，唯其将儿歌当作文学作品去看，加以称赞，这意见却是对的。我们且来引用几首在这里，请大家一读。

一

石榴花，花簇簇，三个姐儿同床宿。
那个姐儿长，中间姐儿长，留下中间姐儿伴爹娘。
伴得爹娘头发白，
三对笼，四对箱，嫁与山村田舍郎。
咸鱼腊肉不见面，苦珠蚕豆当干粮。
一封书，上复爹，一封书，上复娘，
一封破书上复媒婆老花娘。
长竹枪，枪枪起，枪凸媒婆脚板底。
短竹枪，枪枪出，枪折媒婆背脊骨。

二

烟护烟，烟上天。红罗裙，系半边。
谁家女儿立门前，绣鞋儿，尖对尖。
土地公公不爱钱，祷告你阴中保佑，与我做姻缘。

三

知了儿叫，石板儿跳，倒灶郎中坐八轿。

郎中郎中，招牌当空。爹爹有毛病，你就来送终。

从旧的那边说，岂不是很有《国风》《乐府》，杜子美、白乐天之风么？从新的那边来看，新诗有没有这样的力量，也是值得我们考虑的。

儿歌之研究

儿歌者，儿童歌讴之词，古言童谣。《尔雅》，"徒歌曰谣"。《说文》，昚注云，"从肉言，谓无丝竹相和之歌词也。"顾中国自昔以童谣比于谶纬，《左传》庄五年杜预注，"童龀之子，未有念虑之感，而会成嬉戏之言，似或有凭者，其言或中或否，博览之士，能惧思之人，兼而志之，以为鉴戒，以为将来之验，有益于世教。"又论童谣之起源，《晋书·天文志》，"凡五星盈缩失位，其精降于地为人，荧惑降为童儿，歌谣游戏，吉凶之应，随其众告。"又《魏书·崔浩传》，"太史奏荧惑在匏瓜星中，一夜忽然亡失，不知所在，或谓下入危亡之国，将为童谣妖言。"《晋书·五行志》且记事以实之。（以荧惑为童谣主者，盖望文生义，名学所谓"丐词"也。）自来书史记录童谣者，率本此意，多列诸五行妖异之中。盖中国视童谣，不以为孺子之歌，而以为鬼神凭托，如乩卜之言，其来远矣。

占验之童谣，实亦儿歌之一种，但其属词兴咏，皆在一时事实，而非自然流露，泛咏物情，学者称之曰历史的儿歌。

日本中根淑著《歌谣字数考》，于子守歌外别立童谣一门，其释曰：

……周宣王时童女歌，檿弧箕服，实亡周国，为童谣之起源，在我国者以《日本纪》中皇极纪所载者为最古，次见于齐明天智等纪，及后世记录中。其歌皆咏当时事实，寄兴他物，隐晦其词，后世之人鲜能会解。故童谣云者，殆当世有心人之作，流行于世，驯至为童子之所歌者耳。

中国童谣当亦如是。儿歌起源约有二端，或其歌词为儿童所自造，或本大人所作，而儿童歌之者。若古之童谣，即属于后者，以其有关史实，故得附传至于今日，不与寻常之歌后就湮没也。

凡儿生半载，听觉发达，能辨别声音，闻有韵或有律之音，甚感愉快。儿初学语，不成字句，而自有节调，及能言时，恒复述歌词，自能成诵，易于常言。盖儿歌学语，先音节而后词意，此儿歌之所由发生，其在幼稚教育上所以重要，亦正在此。西国学者，搜集研究，排比成书，顺儿童自然发达之序，依次而进，与童话相衔接，大要分为前后两级，一曰母歌，一曰儿戏。母歌者，儿未能言，母与儿戏，歌以侑之，与后之儿自戏自歌异。其最初者即为抚儿使睡之歌，以啴缓之音作为歌词，反复重言，闻者身体舒懈，自然入睡。观各国歌词意虽殊，而浅言单调，如出一范，南法兰西歌有止言睡来睡来，不着他语，而当茅舍灯下，曼声歌之，和以摇篮之声，令人睡意自生。如越中之抚儿歌，亦止宝宝肉肉数言，此时若更和以缓缓纺车声，则正可与竞爽矣。次为弄儿之歌，先就儿童本身，指点为歌，渐及于身外之物。北京有十指五官及足五趾之歌，（见美国何德兰[1]编译《孺子歌图》）越中持儿手，以食指相点，歌曰：

斗斗虫，虫虫飞，飞到何里去？
飞到高山吃白米，吱吱哉！

与日本之"拍手"（Chōchi Chochi），英国之"拓饼"（Pat a Cake），并其一例，其他指戏皆属之。又如"点点窝螺""车水咿哑喔""×××到外婆家""打荞麦"，亦是。又次为体物之歌，率就天然物象，即兴赋情，如越之"鸠鸣燕语""知了嗻嗻叫""火萤虫夜夜红"。杭州亦有之，云：

火焰虫，的的飞，飞上来，飞下去。

或云"萤火萤火，你来照我！"甚有诗趣。北京歌有"喜

---

[1] 即依查克·泰勒·黑德兰（1859—1942），中文名何德兰，美国教士。编撰了大量有关晚清中国的著作。

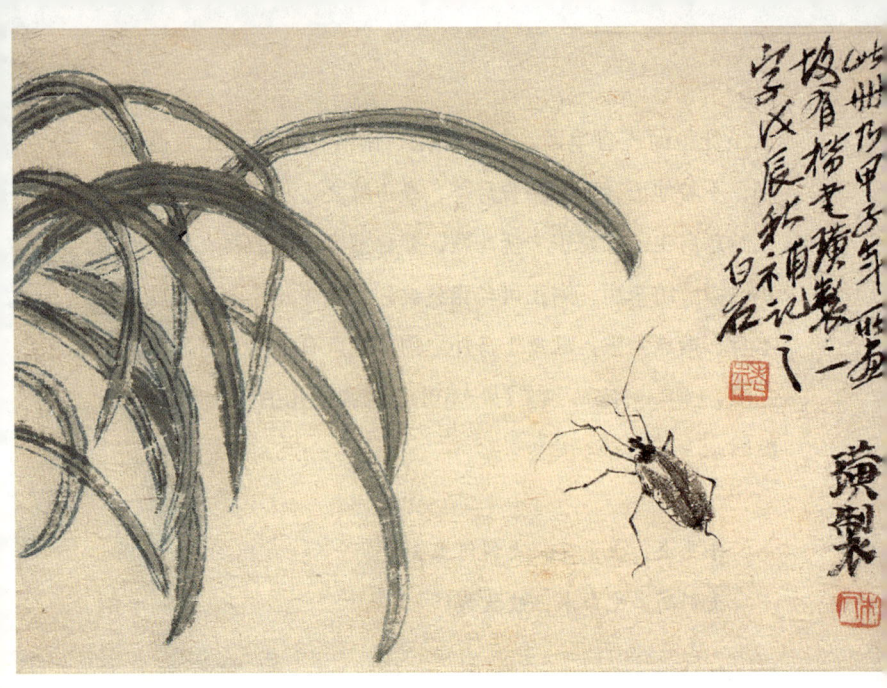

○ 齐白石草虫册页09

儿喜儿买豆腐""小耗子上灯台",《北齐书》引童谣"羊羊吃野草",《隋书》之"可怜青雀子",又"狐截尾",《新唐书》之"燕燕飞上天",皆其选也。复次,为人事之歌,原本世情,而特多诡谲之趣。此类虽初为母歌,及儿童能言,渐亦歌之,则流为儿戏之歌,如越中之"喜子窠""月亮弯弯""山里果子联联串",是也。

儿戏者,儿童自戏自歌之词。然儿童闻母歌而识之,则亦自歌之。大较可分为三,如游戏,谜语,叙事。儿童游戏,有歌以先之,或和之者,与前弄儿之歌相似,但一为能动,一为所动为差耳。《北齐书》，"童戏者好以两手持绳，拂地而却上跳，且唱曰，高末！"即近世之跳绳。又《旧唐书》，"元和小儿谣云，打麦打麦三三三，乃转身曰，舞了也！"《明诗综》，"正统中京师群儿连臂呼于涂曰，正月里，狼来咬猪未？一儿应曰，未也。循是至八月，则应曰，来矣！皆散走。"皆古歌之仅存者。今北方犹有拉大锯，翻饼，烙饼，碾磨，糊狗肉，点牛眼，敦老米等戏，皆有歌佐之。越中虽有相当游戏，但失其词，故易散失，且令戏者少有兴会矣。

越中小儿列坐，一人独立作歌，轮数至末字，其人即起立代之，歌曰：

铁脚斑斑，斑过南山，南山里曲，里曲弯弯，新官上任，旧官请出。

此本决择歌，但已失其意而为寻常游戏者。凡竞争游戏，需一人为对手，即以歌别择，以末字所中者为定，其歌词率隐晦难喻，大抵趁韵而成。《明诗综》记童谣云，"狸狸斑斑，跳过南山，南山北斗，猎回界口，界口北面，二十弓箭。"朱竹垞《静志居诗话》云，"此余童稚日偕闾巷小儿联臂踏足而歌者，不详何义，亦未有验。"考《古今风谣》，"元至正中燕京童谣，脚驴斑斑，脚踏南山，南山北斗，养活家狗，家狗磨面，三十弓箭。"实即同一歌词而转讹者。盖儿歌重在音节，多随韵接合，义不相贯，如"一颗星"及"天里一颗星树里一只鹰""夹雨夹雪冻杀老鳖"等，皆然，儿童闻之，但就一二名物，涉想成趣，自感愉悦，不求会通，童谣难解，多以此故。唯本于古代礼俗，流传及今者，则可以民俗学疏理，得其本意耳。

谜语者，古所谓隐，"断竹续竹"之谣，殆为最古。今之蛮荒民族犹多好之，即在欧亚列国，乡民妇孺，亦尚有谜语流传，其内容仿佛相似。菲列滨[1]土人钓钩谜曰，"悬死肉，求生肉"，与"断竹续竹，飞土逐肉"之隐弹丸同一思路。又犬谜曰，"坐时身高立时低，"乃与绍兴之谜同也。近人著《棣萼室谈虎》曰，"童时喜以用物为谜，因其浅近易猜，而村妪牧竖恒有传述之作，互相夸炫，词虽鄙俚，亦间有可取者。"但亦未举载。越中谜语之佳者如稻曰：

一园竹，细簇簇。开白花，结莲肉。

蜘蛛曰：

天里一只筹，筹里一只蟹。

---

1 即菲律宾。

眼曰：

日里忙忙碌碌，夜里茅草盖屋。

　　皆体物入微，惟思奇巧。幼儿知识初启，索隐推寻，足以开发其心思，且所述皆习见事物，象形疏状，深切著明，在幼稚时代，不啻一部天物志疏，言其效益，殆可比于近世所提倡之自然研究欤。

　　叙事歌中有根于历史者，如上言史传所载之童谣，多属于此。其初由世人造作，寄其讽喻，而小儿歌之，及时代变易，则亦或存或亡，淘汰之余，乃永流传，如越谣之"低叽低叽，新人留带"，范啸风以为系宋末元初之谣，即其一例。但亦当分别言之，凡占验之歌，不可尽信，如"千里草何青青"之歌董卓，"小儿天上口"之歌吴元济，显然造作，本非童谣，又如"燕燕尾涎涎"本为童谣，而后人傅会其事，皆篝火狐鸣之故智，不能据为正解。

　　故叙事童谣者，事后咏叹之词，与谶纬别也。次有传说之歌，以神话世说为本，特中国素少神话，则此类自鲜。越中之"曝曝曝"歌，其本事出于螺女传说，余未之见。又次为人事之歌，其数最多，举凡人世情事，大抵具有，特化为单纯，故于童心不相背戾。如婚姻之事，在儿童歌谣游戏中数见不鲜，而词致朴直，妙在自然。如北京谣云：

檐蝙蝠，穿花鞋，你是奶奶我是爷。

英国歌云：

白者百合红蔷薇，我为王时汝为妃。
迷迭碧华芸草绿，汝念我时我念若。

皆其佳者。若淫词佚意，乃为下里歌讴，非童谣本色。如《天籁》卷一所载"石榴花开叶儿稀"，又"姐在房里笑嬉嬉"皆是。盖童谣与俗歌本同源而支流，儿童性好模拟，诵习俗歌，渐相错杂，观其情思句调，自可识别。如"石榴花开叶儿稀，打扮小姐娘家嬉"，是固世俗山歌之调，盖童谣之中虽间有俚词，而决无荡思也。

古今童谣之佳者，味覃隽永，有若醇诗。北京儿歌云：

一阵秋风一阵凉，一场白露一场霜。
严霜单打独根草，蚂蚱死在草根上。

则宛然原人之歌。《隋书》童谣云：

黄斑青骢马，发自寿阳涘。
来时冬气末，去日春风始。

有三百篇遗意。故依民俗学，以童歌与民歌比量，而得探知诗之起源，与艺术之在人生相维若何，犹从童话而知小说原始，为文史家所不废。《玉台新咏》《乐府诗集》多所采录，汉时之"大麦谣""城上乌"最胜，宋长白盛称之，是盖与乐府一矣。若在教育方面，儿歌之与蒙养利尤切近，自德人弗勒贝尔倡自力活动说以来，举世宗之。幼稚教育务在顺应自然，助其发达，歌谣游戏为之主课，儿歌之诘屈，童话之荒唐，皆有取焉，以尔时小儿心思，亦尔诘屈，亦尔荒唐，乃与二者正相适合，若达雅之词，崇正之义，反有所不受也。由是言之，儿歌之用，亦无非应儿童身心发达之度，以满足其喜音多语之性而已。童话游戏，其旨准此。迨级次逮进，知虑渐周，儿童之心，自能厌歌之诘屈，话之荒唐，而更求其上者，斯时进以达雅之词，崇正之义，则翕然应受，如石投水，无他，亦顺其自然之机耳。今人多言幼稚教育，但徒有空言，而无实际，幼稚教育之资料，亦尚缺然，坊间所为儿歌童话，又芜谬不可用。故略论儿歌之性质，为研究教育者之一助焉。

读《各省童谣集》[1]

◎《各省童谣集》

---

[1] 《各省童谣集》,1923年2月商务印书馆初版。

《各省童谣集》第一集,朱天民编,商务印书馆发行,本年二月出版,共录歌谣二〇三首,代表十六省。中国出版界的习惯,专会趁时风,每遇一种新题目发现,大家还在着手研究的时候,上海滩上却产出了许多书本,东一部大观,西一本全书,名目未始不好看,其实多是杜撰杂凑的东西,不必说他的见解,便是其中材料也还不能尽信。在歌谣搜集这一件事上,当然也逃不出这个公例,我们前回介绍过的《童谣大观》,即是一例。《各省童谣集》比那些投机的"有光纸本"要胜一筹了,因为不但印刷更为上等,材料也较为确实,还没有抄引古书当作现代儿歌的情事,虽然异同繁简是不能免的。即如五十五页的《拜菩萨》,据我所知道,末尾还有五句,范啸风的《越谚》里也是如此,现在却没有,倘若不是编者故意删去,那必定所录的是不完全本了(虽然全文与范氏本是一样的),其中还有"松香扇骨"原系扇坠,"竹榻"原是竹踏。因为我不知道绍兴向来有松香骨的扇,而田庄船里也决放不下竹榻。又五十四页的《新年》云:

新年来到,糖糕祭灶。
姑娘要花,小子要炮,
老头子要戴新呢帽,
老婆子要吃大花糕。

我们据文字上判断起来，当是华北的儿歌，但这里却说是浙江奉化；或者在浙东也有同样歌谣，我不敢妄断，但总有点怀疑，希望有奉化的朋友来给我们一个解答。

其次，我觉得歌谣上也颇有修改过的痕迹。本来记录方言是很困难的事情，在非拼音的汉字里自当更是困难，然而修改也不能算是正当的办法。上边所说《拜菩萨》一首里，便改了好几处，如"这样小官人"原本是"ㄍㄚㄅㄛ小官人"——范氏写作"概个"，意云这样的一个童男，经集里改作国语，口气上就很不同了。又七十五页浙江新昌歌谣云，"明朝给你一个冷饭团"，新昌的事情我不十分明白，但是同属一府，所以也知道一点，我想新昌大约不用"给"字的，疑系改本。大凡一种搜集运动初起，大家没有了解他的学术上的意义，只着眼于通俗这一点，常常随意动笔，胡乱"校订"，这些事在外国也曾有过，如十八世纪英国伯西主教（Bishop Percy）所编的《古诗遗珍》，即是一例。虽然说这些书或者原为公众或儿童而编的，未始不可以作为辩解，但在学术的搜集者看来不能不说是缺点，因为他们不能成为完整的材料，只可同《演小儿语》仿佛，供检查比较的备考罢了。

以上说的是歌谣本身，现在关于注解一方面说几句话。这第一集二百首歌的后面，都有一条注解，足以见编辑者的苦心，但是其价值很不一律，大略可以分作三类。第一类是应有的，如注释字义，说明歌唱时的动作等，为读者所很需要的小注。第二类是不必有的,如题目标明"秃子",而还要加注"这是嘲笑秃子的意思",未免重复了。但这还是无害的。第三类是有不如无的注,看了反要叫人糊涂起来。其中又可分为两种,其一是望文生义,找出意思;其二是附会穿凿,加上教训。至于有几处咬文嚼字,讲他章法如何奇妙,那种贯华堂式的批语,自从悟痴生的《天籁》以来已经数见不鲜,可以不算在里边了。

> 野麻雀,就地滚。
> 打的丈夫去买粉。
> 买上粉来她不搽,
> 打的丈夫去买麻。
> 买上麻来她不搓,
> 打的丈夫去买锅,
> 买上锅来她嫌小,
> 打的丈夫去买枣,
> 买上枣来她嫌红,
> 打的丈夫去买绳。
> 买上绳来她上吊,
> 急的丈夫双脚跳。

这明明是一首滑稽的趁韵歌,不必更加什么说明,集中却注云,"形容不贤的妇女,不知道自己不好,对于别人,总不满意",不知是从哪里看出来的。

> 乌鹊叫,客人到。
> 有得端来哈哈笑,
> 无得端来嘴唇翘。

注云,"使小孩知道接待宾客,须要十分周到。"

> 小老鼠,上灯台。偷油吃,下不来。
> 吱吱,叫奶奶,抱下来。

注云,"将老鼠作比,意思要儆戒小儿不可爬得很高。"

> 鹞儿放得高,回去吃年糕,鹞儿放得低,回去叫爹爹。

注云,"这首歌谣,大约是鼓励儿童竞争心。"

> 哴哴哴,骑马到底塘。
> 底塘一头撞,直落到花龙。
> 花龙一条堰,转过天医殿。

注云,"鼓励小儿骑马,有尚武的精神。"

泥水匠,烂肚肠。
前讨老婆后讨娘,
还要烧汤洗爷爷。

注云,"这首歌谣都是颠倒话,实在要教小儿知道尊卑的辈分。"

大姑娘,乘风凉,
一乘乘到海中央。
和尚捞起做师娘,
麻筛米筛抽肚肠。

注云,"劝年少女子不可无事出外游玩。"

我本不预备多引原文去占篇幅,但是因为实在妙语太多,极力节省,还引了七节。大抵"教育家"的头脑容易填满格式,成为呆板的,对于一切事物不能自然地看去,必定要牵强地加上一层做作,这种情形在中国议论或著作儿童文学的教育家里很明白地可以看得出来。他们相信儿歌的片词只字里都含有一种作用,智识与教训;所以处处用心穿凿,便处处发见深意出来，于是一本儿童的歌词成为三百篇的续编了。我真不解"哏哏哏，骑马到底塘"何以有尚武的精神，而"泥水匠烂肚肠"会"教小儿知道尊卑的辈分"，如不是太神妙便是太滑稽了。中国家庭旧教育的弊病在于不能理解儿童，以为他们是矮小的成人，同成人一样的教练，其结果是一大班的"少年老成"，——早熟半僵的果子，只适于做遗少的材料。到了现代，改了学校了，那些"少年老成"主义也就侵入里面去。在那里依法炮制，便是一首歌谣也还不让好好地唱，一定要撒上什么应爱国保种的胡椒末，花样是时式的，但在那些儿童可是够受了。

总之这童谣集的材料是可取的，不过用在学术方面，还须加以审慎的别择；用在儿童方面，则上面所说的注释都非抹去不可，不然我怕是得不偿失的。

集后有吴研因君的一篇序文，据他说是在那里"丑诋新诗"，颇多奇妙话，本来也想加以批评，但是因为系别一问题，所以在这里就不多说了。

图书在版编目（CIP）数据

周作人笔下的民俗之美 / 周作人著. -- 北京 : 中国画报出版社, 2025.6. -- ISBN 978-7-5146-2426-7

Ⅰ.G122

中国国家版本馆CIP数据核字第2025VZ8672号

周作人笔下的民俗之美

周作人 著

出版人：方允仲
策　　划：许晓善
责任编辑：程新蕾　许晓善
内文排版：郭廷欢
责任印制：焦　洋

出版发行：中国画报出版社
地　　址：中国北京市海淀区车公庄西路33号　邮编：100048
发 行 部：010-88417418　010-68414683（传真）
总编室兼传真：010-88417359　版权部：010-88417359

开　　本：32开（880mm×1230mm）
印　　张：9.875
字　　数：180千字
版　　次：2025年6月第1版　2025年6月第1次印刷
印　　刷：三河市金兆印刷装订有限公司
书　　号：ISBN 978-7-5146-2426-7
定　　价：59.80元